いい音がする文章

あなたの感性が爆発する書き方

高橋久美子

ダイヤモンド社

はじめに

いい文章は「いい音」がする

あなたは、どんな文章を読んで毎日を過ごしていますか。

活字離れは進んでいると言われていますが、スマホを持っていれば、日々何かしらの文を目にしているのではないでしょうか。SNSとか家族や友達とのLINE、仕事のメール、通勤時にWebニュースや新聞を読む人もいるでしょう。

では、どんな文章に惹《ひ》かれますか。あの人のあの小説、あの曲の歌詞、あのライターさんの記事、知らない誰かのSNSの言葉で元気をもらったり、何気ないLINEのやりとりで気持ちが和らいだりしているかもしれません。

私たちは文章から情報を得ると同時に気持ちも揺らされています。感動し励まされることもあれば、嫌な気持ちになることもあります。上手だけどちっとも響いてこない文もあれば、すごく長いのに知らぬ間に全部読み終えている文もあります。あれって何でしょう。書き手との相性でしょうか。景色が見えて情感が伝わるけど、押し付けがましくなくて、最後まで読みたくなるような文章。書けそうでいてなかなか難しい。


あなたは、どんな文章を書いていますか？

肉筆の手紙はもう書かないかもしれないけれど、きっと相手の顔を想像しながら、書いては消し、消しては書きながらメールやSNSの文を模索しているでしょう。人間の真ん中の部分はずっと昔から変わっちゃいないんだと思います。

ああ、あの一文書かなきゃよかったと、送信したあとで悔やむ人や、めんどくせーと、仕事の報告書をやっつけで書いている人もいるかもしれません。心なんていちいち入れず、定型文をコピペして送っている人も多いのかも。

言葉は、第一に伝達のための記号なのだから、時にはそれでもいいけれど、それだけでもつまらない。

思いを言葉に置き換えるのはとても面倒で、でもとても楽しいなと、私は書く仕事をしながらその両方を感じます。気持ちは溢《あふ》れてくるのに、言葉にするとまるで自分の気持ちと違っていたり、他人が書いたみたいになったりした経験はないですか。夏休みの読書感想文が苦手だった人も多いのではないかなあ。私も小

1の段階で新学期初日の朝日を見た人でした。

今でも私は、書く仕事の中で、書評が一番難しいと感じます。心に浮かぶ感情にピッタリの言葉を既存の単語だけで構成し、相手に伝えるというのは、なかなか至難の業。言葉に置き換わらない感情も本当はたくさんあると思うし、それを探すには時間がかかります。

言葉って、お箸を持つくらいになじみの道具なのに、奥が深い。だからこそ楽しいものなのです。もっと自分らしく自由に、でも相手を嫌な気持ちにさせない文が書けたらいいなあ。交換日記をしていた頃のように。

では、書くのが楽しくなるような素敵な文章ってどんな文章でしょうか？

伝わりやすいもの？「いいね」がたくさんついているもの？

その人の個性が出ているもの？　はて、文においての個性ってなんでしょう？

そもそもオリジナルの言葉ってある？

私が今日新語を作ったとしても、言葉による説明なしでは誰にも伝わりませんね。同じ表現でも、絵画や音楽と違って、言葉は意味が先行します。「みかん」と言えば、多少の違いはあれど、あの丸い夕日色の果物を頭に思い浮かべます。「みかん」を他の言い回しで表そうとする「詩」のような自由なジャンルも、やはり意味をともなう言語への置き換えです。文の個性とは、使い古された言葉を組み合わせて自分らしい文章に組み立てていくということなのです。

「みかん」は、「ミカン」という音の側面も持ちますよね。そうです、文には意味だけでなく音もついてきます。文章ではなくてYouTubeやラジオのように、声という「音としての言葉」から情報を得ている人もいますよね。音楽の歌詞もその一つだし、最近はオーディオブックも浸透してきました。

コミュニケーションにおいてはどうでしょう。まだ文字を知らない子どもは、その多くを音、つまり会話で行ないますよね。大人だって、メールより、電話とか直接会って話すほうが本心が見えやすいと思います。

私も、新しく大きなお仕事をするときには必ず相手と会って顔を見てお話をしてから決断します。同じ言葉だとしても、音や空気感とか、ニュアンス、表情などから滲《にじ》み出る感情を交換しあえるからです。なんというか、文面では嘘をつけても、声になると全部わかってしまうよね。

文面からは表情が見えないのかと言われたら、そういうわけでもありません。さて、やっと本題に入ります。私は、**いい文章からはいい音がする**と思っています。

人の文章を読んでいても思うし、自分が書いていても、「よっしゃ」と思う文はリズムがいい。惹きつけられる文章は、どれもいい音がしているのです。私に届く依頼のメールからも、とってもいい音が鳴っているときがあります。会わなくても人となりが文面から滲み出ているような。逆に、書いている内容が素晴らしくても、魅力的な音が鳴っていなくては、いまいち頭に入ってこないと思うこともあります。

じゃあ、いい音がする文章ってどんなのでしょう？　というのをこれからひも解いていきたいと思います。

世の中には「文章の書き方」の本がたくさんあります。読めば明日には世の多くの人に受け入れられる書き方ができるようになるとか、SNSでバズる文章とか。この本は、そういう文章のノウハウを伝授する本ではありません。

この本では「自分の音を出せている文」と、そうでない文の話を書いていきます。いい音がする文章とはなんぞや、を一つずつ解明していきます。その正体がわかれば、文章を読むことや書くことが、きっと楽しくなると思うのです。

たとえば、あなたが「いいな」と思っている曲の歌詞。それは本当に言葉だけの力でしょうか。曲や編曲、音の良さによって傑作に到達しているのかもしれません。100年以上読み継がれてきた文豪たちの小説。素晴らしいのは内容だけではなく、文章のリズムや語感によってもたらされるものもあるかもしれません。むしろ、リズムの良いものだけが現代まで残ってきたのではないのか。

「祇園精舎《ぎおんしょうじゃ》の鐘の声　諸行無常の響《ひびき》あり……」

「カムチャッカの若者が　きりんの夢を見ているとき……」

教科書でおなじみの文です。授業や宿題で音読した人も多いのではないでしょうか。私は、今も暗唱できることに驚きました。いい音がする文は、読み終わっても、体に残っているのです。そして、すぐに脳内再生されます。美味《おい》しかったあの一皿を思い出すように、すっと。

定型文をコピペするだけなら、AIにだって簡単に作成できます。**いい音がする文章を書くというのは、生物らしさの証明でもある**と思います。犬の鳴き声のように、100人いたら100人の音があり、その音の鳴らしっぷりで損している人も得している人もいるかもしれません。文字ができるずっとずっと前から私たちに備わっている、音としての言葉。どうやら、それが鍵になると思うのです。

そんな話を書くあんたは誰じゃ？　ということになりますね。

申し遅れました。私は、２０１１年までチャットモンチーというロックバンドでドラムを叩き、作詞もしてきました。今は、作家・作詞家として、エッセイや小説、詩や絵本を書き、ミュージシャンに歌詞提供する仕事をしています。また、1年の半分は愛媛の実家でお百姓もしています。

作家になってから、「ドラムをやっていたから、文に独特のリズムがあるね」、と言ってもらうことが増えました。

自分の経歴が特別だと思ってきませんでしたが、当たり前に思っていたことを改めて掘り下げてみると、言葉と音の関係は、人にとって土と同じくらい密接なものだと思うようになりました。また、人生の大半を音と言葉に向き合ってきた自分自身を振り返る時間でもありました。

そもそも、言葉とはビートなのだと私はとらえています。

意味ではなく、**まず音で相手の体をノックする**ものだと。

さあ、そろそろ1曲目がはじまりそうですね。あ、言葉より音楽好きのあなたは第5章から読むといいですよ。アルバムを聴くような気持ちで、これからはじまる言葉というビートを目と耳とハートで感じてもらえたらと思います。

もくじ

第1章

ことばは「音」でできている

第2章
文のリズム・日本人のリズム

第3章

自分の音を鳴らすということ

第4章 なぜ自分の音を出しにくいのか？

第5章 「音楽」にとって言葉とはなにか

第1章

ことばは「音」でできている

みなさんは、
今日
人と会話しましたか？

「**会って話す**」と書きますが、今はメールなどテキストコミュニケーションが増え、声を出すことも減りましたよね。携帯電話を持つ前を思い返すと、やりとりのほとんどが音です。もっと街中が賑やかだった気もします。

さらに、文字がなかった時代は、**言葉＝音**。文字を習得していない子どもたちにとっては、今でもそうです。この章では、私たちの生活の中にある「**音としての言葉**」を探ってみたいと思います。文章も音の連なりなんだということを意識しながら読んでみてください。

本を「音」で読む人

読書は好きだけれど、私は読むのが遅い。美術館に行っても、友人と一緒に見はじめたはずなのに、入り口にある「ごあいさつ」のところですぐ抜かれるし、城では解説をじっくり読んでいると1時間は遅く出ることになって、友人は外でアイスを食べて待つはめになる。みんなどうしてそんなに速く読めるんやろ？「斜め読み」できる人なんて、私にとっては魔法使いである。

友人たちとこのことを話し合ってみてわかった。どうやら私は、**頭の中で文字を音に変換してから理解している**ようなのだ。目で文字を追いかけながら、もうひとりの私が脳内で音読してくれている。合う文体のときは、すらすらと。馴染まないときは、おっとっと……何回もつまずきながら。

みんなそうだと思っていたけど、どうやらそうではないんやね。友人や夫は「文字を視覚でとらえたら音に変換されることなく頭に入っている」と言うから驚いた。運動神経と同じく、感覚が個体個体で違うというのは当然のことかもしれない。

探してみると、私と同じく脳内で音に変換されている人も結構いるではないか。勝手に「音派」と名付けているみなさんは、一様に読むのが遅かった。そして、それをコンプレックスに思っているようだった。そんなふうに思う必要はまったくありませんよ。むしろ、みんながしていない別の読書体験ができているに違いないもの。

コツをつかめば速読だってできるのかもしれない。けれど、文章のリズムを楽しむことこそ読書の醍醐味《だいごみ》ではないだろうか。私は言葉の意味や情報だけ得たいのではなく、文の流れの美しさや、音の響きも味わっていたい。むしろ「音派」の読書のほうが楽しいよとおすすめしたいわけです。

たしかに、視覚派の人が1ヶ月に10冊読めるとしたら、私は5冊しか読めません。えなあここのリズムと思ったら、線を引いて何回も繰り返し読むし、合わないときは好きなところだけ読む偏食っぷり。自由なのだから、好きに読めばいいのよ。

時々、活字が苦手で本がまったく読めない人とも出会う。私は20代ずっとバンドをしていたのだけれど、私が脱退して文章を書き始めたとき、ファンの方に「音楽の中の久美子さんの歌詞は好きだったけど、文章だけを追いかけられる自信がない」と言われた。「歌詞としてなら言葉が入ってくるし、その頃書いた高橋さんの歌詞は大好きだけど、作家になってからの本は読めない」と。律儀に私の新刊が出る度に買ってくれているのに、永遠の積ん読だ。そういう音楽ファンの方は意外と多い。根っからの「音派」やな。

作家になってからも応援してくれていることをありがたく嬉《うれ》しく思い、「無理して読まなくていいからね」と答えた。

でも、本当は、せっかく本を買ってくれたならばちょっとでも読んでほしい。きっと、難しくとらえすぎなんじゃないかな。本って、文字って、机に座って静かに読むものって思い込んでいるのかもしれない。言葉は「音」なんだよ、と伝えたい。だって、Twitter（現：X）は楽しく読んでくれているし、私の書いた歌詞を私より覚えているのだから。

第1章では、読めないあなたにはもっと読書が気楽になるように、読書好きなあなたには明日からの読書がさらに楽しくなるように、言葉と音の関係をひも解いていきたいと思います。

「絵文字」で何が伝わるか

メールやLINE、SNSといったテキストコミュニケーションで、四六時中人と連絡をとれるようになりもう随分経つ。携帯がなかった時代、待ち合わせに遅れてくる友人を1時間待って、おかしいなあと、公衆電話から友人の家に電話したり、館内放送をしてもらったり。今じゃ信じられないけど、親戚や友人の家の電話番号を20件以上覚えていた。

今、スマホをなくさない限りいつでもどこでも連絡が取れる。便利やけど疲れるなと感じている人も少なくないだろう。中学生の甥《おい》っ子は、私たちの時代をうらやましいと言う。学校以外でもずっと繋《つな》がっているというのは気苦労もあるやろなぁ。クラスのグループLINEとか考えただけでゾッとする。私も、今日はスマホ置いて外に出よう、みたいな日を定期的に作っていたりする。

とはいえ、コロナ禍に突入した数年間で、テキストコミュニケーションやリモート通信はさらに加速した。直接会わなくても仕事が成立する、という便利さ。大抵のことがメールや画面越しの打ち合わせでまとまっていく。電車を乗り換えてドキドキしながら相手の会社に行かなくてもいい。余った時間をのんびり使えて、正直めちゃくちゃラク、最高！　と思った。初めのうちは……。

でもそのうち、メールで何回もやりとりするより、一度会って直接顔を見て話すほうが早いんじゃないかと思うようになった。初対面であればなおさらだった。「すみません」のひと言にも、何十通りもの「すみません」があるから、見えない表情を文面から分析して、気をもむ。

私たちは、目の前にいる人の表情や喋り方、間合い、つまりその人の醸し出すリズム感を含めて言語としてとらえていたのだ。プロ詐欺師なら相手を騙《だま》せるかもしれないけど、大概は、どんな長い文面の説明よりも、会って聞く「すみません」のニュアンスですべて解決する。

それがなかなかできなかったコロナ時代に私は、絵文字とスタンプを解禁した。こっ恥ずかしくてなかなか使えなかったのだけれど、表情が見えない中で絵文字は言語の一つだと思うようになった。

　「すみません」のあとに、笑い顔が来るのと泣き顔が来るのでは全然意味は違ってくる。特に、より短文のＬＩＮＥでは絵文字を添えることでニュアンスが補われる。書き言葉というのは簡単で便利だからこそ誤解も生じやすい。長年の友達や家族なら、私の性格を想像し文脈を読み取ってくれるけれど、仕事相手とか初めての方との文字だけのやり取りは少々スリリングな探り合いだ。

言語は、時代という荒波に揉まれながら、いろいろな変遷を経て今に至る。「最近の若者言葉は」などと揶揄《やゆ》されることも多いけれど、平安時代から同じ言葉なんてほとんどないのだ。ここへきて絵文字やスタンプ登場というのも悪くないと思った。象形文字も絵文字っぽいしね。

とか思っていたら、この間、とあるテレビ番組で、若者たちが言うておったのじゃ。

「絵文字いっぱい入れてくる人はダサいよね〰〰」

ひー。あと、(笑)もダサいよねと言うてた。「。」つける人は怖いとか、LINEで長文はないわ、とか。ひー。私、句読点ないと落ち着かんわ。それに、熱くなったらめっちゃ長いLINE送り付けてしまう。確かに絵文字は文字の代わりだから2つくらいしか入れないし、(笑)がいっぱいついてたら、まじめに喋りやがれってなるだろう。でも、それって結局やる人によるでしょう？　何言ってもダサくされちゃう人と、何言っても格好良くなってしまう人がいる。言葉の向こうには人がいるのだよ。

そしてその番組を見て思った。若い方たちは私たちより余程テキストコミュニケーション上級者なのだ。文字が誤解を生みやすいということをよく知っている。モールス信号と同じで、LINEはシグナルであり、表現の場ではないのだ。文字のできる前、太鼓の音で伝達し合っていた頃の言語感覚にも近いのではないかと思う。

この先、文字はどうなるんやろなあと楽しみでもある。

文字のない民族は「音」で感情を伝え合う

日本は早くから識字率が高かったようだが、世界には未だ文字を書けない人や、持たない民族が7億人以上いるそうだ。身近なところだと、アイヌ民族は主に口頭で文化が伝承されてきたことを知っている人も多いだろう。文様のような絵文字はあったそうだが、主に音で伝統や儀式を受け継いでいたとされている。歌や踊り、語り継がれる物語に、娯楽以上のメッセージが含まれていた。

昔話や神話、童話なども、多くが、働き者や正直者が報われ、鬼は退治される。ちょっと教訓めいた話が多いのは、物語になることで子どもたちが早くから人生の落とし穴を学んでいたからだろう。

今よりずっと生と死が近かった時代、貴重な情報として先人の失敗談や教訓は活かされた。アイヌ民族はそれを文字で保存せずに耳と口、踊りといった体現で伝え続けた。現代人の何倍も聴覚や感覚、記憶力が優れていたのではないかと想像する。

アフリカ、熱帯雨林地域に暮らすモンゴ族も、書き文字を持たない。遠くに住む人への伝達はジャンベのような手打ちの太鼓を使うそうだ。「こっちで人が生まれた」「この村で首長が亡くなった」など、太鼓を叩き繋いで何キロも先へ伝達していく。実際、友人がアフリカを旅し、近くの集落を訪れたとき、「30㎞近くを約15分で伝達する」のだと教えてくれたそうだ。獲物の縄張りなどで、家単位での離散型集落が多く、その伝達が必須だという。動物の声でジャングルが埋め尽くされる前の、夜明け前や日暮れに、太鼓が鳴らされたのだと。コミュニケーションというよりは、モールス信号のような役割だそうだ。モンゴ族には、「子どもが生まれた」のメッセージだけで14種類もあるというから驚く。

これって、LINEの言葉と絵文字の関係に似てる。「子どもが生まれた」の後に笑顔マーク、双子マーク、安堵《あんど》マーク、はたまた泣き顔。言語では追いつかない感情のニュアンスを補うのが絵文字だ。

その情報と意味を、音の高低だけで表現し、聴覚だけで聞き分ける。なんとも究極の言語コミュニケーションだよなあ。彼らの暮らすジャングルは見通しが悪いため、代わりに聴覚が鋭くなっているとも言えるだろう。海の中のイルカが超音波で会話するのに近い、生活から生み出された特別な言語機能だ。

太鼓で話せる民族とは真逆に、どんどんと勘のようなものが薄れている現代。世界の裏側の人ともSNSを通じて簡単に反応し合えるようになったが、直接の会話や音としての言語は消滅に向かっているのだろうか。

突然ですが、ちょっと方言で書きますね

私も、気をつけてはいてもスマホやパソコン画面に向かっている時間が長くなった。月曜に会社に行くと100件以上のメールが来ていて、返事をするだけでも数時間を要すという知人もいて、効率が上がっているのか下がっているのかわからない。

飲み会も減ったとか、行かないとか。地元でも井戸端会議するおばあちゃんを最近は見かけないし、ひとり暮らしのリモートワークだと、1週間まったく言葉を発しないという人もいるくらい、音としての言語は消滅危惧種なのかもしれない。

それが方言ともなるとなおさらだ。奄美大島を訪れたとき、奄美群島の島ごとに違うという島言葉がどんどん消えているのだと地元の方に聞いた。60代の方でも80代の会話は翻訳できないそうだ。実際その会話を聞いたが、これなら英語のほうがまだ理解できると思うほど、ひと言もわからなかった。これまた文字ではほとんど残ってないのだという。日本国内でもいくつもの言語が消失していっているのだ。

私は東京に出て20年近くになるけれど、いまだに東予弁だったりする。島言葉と同じく、愛媛県の中でも場所によって微妙に違う土着の方言はほとんど書き言葉で残っておらず、口承である。自分のアイデンティティは何だと聞かれたら、私にとってそのひとつは、松山とも宇和島とも微妙に違う東予地方の方言だといえる。

トークイベントのとき、昔は改まって標準語で話していた。しかし、まったく思ったように話せない。すらすらと言葉が出てこない。頭の中で、英語に変換するように標準語に変換している自分に気づいてしまった。それからというもの、私は、なるべく自分の言葉で話すことにした。

でも、それができているのはきっと、就職をせずに、自分をわかってくれる人と仕事をできる環境にいるからだと思う。わかってくれる前提で話しているから。というのも、中学生の甥っ子に話を聞くに、クラスに方言でしゃべっている子はほとんどおらず、「なにそのしゃべり方」と笑われることもあるそうだ。

祖父母と生活をともにしているから、うちの甥や姪《めい》は方言丸出しなんよね。ほじゃけんど「どして久美子さんは書き言葉になったら方言を使わんの？」と言われることがようある。「全編、東予の言葉で書いたらええんじゃないん？」と。ほうじゃなあ。どしてじゃろと考えたんよ。どう言うたらええかな。甘えとるような気せんで？　自分の言葉でしゃべるって、英語圏に行っとるのにずっと日本語でゴリ押ししとるんと近い感覚なんよ。

こないだな、パスポートが切れて新宿のパスポートセンターに行っとったんじゃけどな、帰りしな都庁の食堂に寄ってみたんよ。ほんでな、都庁で働きよる人らあに混ざって私もスタミナ湯麺《タンメン》食べたんよな。食べよったら母から電話かかってきてしもて。ほりゃあ方言出るじゃろ？　親からの電話って絶対方言になるよな。都庁の食堂で、みんなスンとして黙って昼ごはん食べよんのに、ひとり東予弁丸出しじゃけん。ものすごはずかしいわ。甥っ子の気持ちわかったわ。ほじゃけん、ほんまの自分の言葉見せれるんは、心を許した人だけゆうことじゃろな。ほんで、これ、書き文字にしてみとるけど、どんな？　ことないで？　だいぶ、**はがいたらしーになっとんでないん？**

そうなのだ、こうして方言で書くと、手書き文字にも近いような生っぽさと、甘えのようなものが滲み出てくる。逆に標準語で書くと、冷静にずいぶん俯瞰《ふかん》で自分を見られる。しかし、気がつけば、かっこいいもうひとりの自分が饒舌《じょうぜつ》に語りだしていたりする。それはそれで恥ずかしい。

本を読んでくれた方が「ときどき出てくる方言がいいリズム出してますね」と言ってくれるのだが、あれは自分への突っ込みなのだ。かっこいい風に語っちゃってますけど、久美子さん大丈夫ですか？　という蹴りなのだ。

全編で方言の小説とかエッセイとか、まあいつかはやってみてもいいのかもしれんけど、めちゃくちゃ自分すぎて、甘えた感じで、かっこわるって思ってしまう。言葉の距離感は心の距離感なんだと思う。甥っ子が自分の言葉で話せる人が家族以外に現れたなら、それがきっと親友になる人だ。

話を戻そう。テキストコミュニケーションが増えていると言われているけれど、自分の言葉で話せる相手とは、きっとみんな実際に会って話しているはずだ。共通言語を持った人との会話は何倍も楽しいから、はっきりとそれを判断できる時代になったということ。それ以外の人とは、機械的に文字で情報だけをやりとりして、これ以上深い話ができそうだなと思った人とは、遠くても実際に会いにいく。

みんなわかってしまったのだ。全員に心を開く必要はないと。無駄をどんどん省いて、マイワールドを深めることも選択の一つだろう。私はそこまで白黒はっきりにはできないから、標準語に方言を混ぜながらのらりくらりとさまざまな人のリズムに乗っていくのも好きだけれど。

声は世界にひとつだけの楽器

日本では、音楽の授業が苦手だったという記憶がそのままスライドして、大人になっても「歌」とか「楽器」に拒否反応を示す人も多い。でも、**あなたの話し言葉は一種の歌だし、声は唯一無二の楽器なんだよ**と言いたい。

声はとても不思議だ。物理的には声帯の震えによるものなのに「あなたの声帯っていいよね」とはならず「あなたの声っていいよね」となる。それに、形がないのに「声」という素敵な名前を授けられている。野生動物もみんな声を持ち、それぞれ仲間と声を使って会話し、生きる上で大切な情報を発信しあう放送局のような役割を担っている。さらに、人間にとっての声は歌や会話に進化した。顔や体と同様に、声は人によってそれぞれ異なり、パーソナリティを示す重要な表現のベースでもある。

そして、書き文字に比べて体を通って出てくる声や音のほうが、より感覚的、感情的で、端的に伝わる。

私はアラビア語の本は読めないけれど、アラビア語で褒められたら、「褒められているんだな」というのは理解できる。それに、動物園で激しく吠えているトラの言語はわからないけど「機嫌が悪いんだな」というのは伝わる。相手の声色や顔の表情で気分が補足されているということなのだ。

文字はなかなか伝わらないけど音は一気にぜんぶ伝わる

親に「夏休みの宿題をやってないなら遊びにいっちゃ駄目よ」と言われたとしよう。優しい声色や笑っている場合などは、まあ少しならいいかなと思ってしまうし、大声でまくしたてるような口調のときはこりゃ本気で怒ってるなとわかる。

しかし、それが文だったらどうでしょう。本気で怒っているかどうかはわからない。もちろん日頃から怒られていたら別ですけどね……。

その場面が登場する小説があったとして、

「『夏休みの宿題をやってないなら遊びにいっちゃ駄目よ』と母は玄関に仁王立ちで待ち構えていた」

相当頭にきているのがわかりますね。次はどうでしょう。

「『夏休みの宿題をやってないなら遊びにいっちゃ駄目よ』と母は玄関で深いため息をついた」

こうなると、怒っているというより呆《あき》れている様子が浮かぶ。つまり、文章にすると、ここまで説明しないと感情が伝わらないのだ。メールのやり取りで勘違いが起こりやすいのはそういう説明の不足からくるものが多い。どんな長いメールよりも10分会うほうが早い大きな理由は、文字よりも声のほうが感覚的かつ端的に伝わるからだ。

誰かと会話するとき、笑うとき、泣くとき、あなたは自分の「音」を鳴らしている。楽器を演奏しなくても、カラオケにいかなくても、毎日私たちは自分の音を自分で奏でているのだ。トーン、間合い、方言、早口だったりゆっくりだったり、リズムも違う。指紋と同じように、自分と同じ音を鳴らす人は世界中探してもいない。そもそもこの体が世界でたったひとつのものだから、声というのは形のない臓器だなと思う。

「声の仕事」というのがある。歌手や声優、YouTuberやVTuber。中でも特徴的なのがラジオのDJだ。声優は決められたセリフを読むのでパーソナルな部分は出にくいけれど、長時間フリートークをすることも多いラジオのMCやDJはとても内面が漏れやすい。顔は出ていないけれど、声と間合いだけですぐに「あの人だな」とわかる。

私も、毎週ほぼ台本なしの4時間生放送でラジオのパーソナリティをやっていた時代がありましたが、上手にとりつくろっても嘘はバレてしまうんだなあと思ったことが何度かあったのよね。他の番組を聴いていても、声のトーンで「○○さん、今日体調悪いのかなあ」とか、食レポでは「本当は美味しくなかったのかなあ」とか、伝わってしまう。**声っていうのは心に近い、自分の心身のバロメーターなんだ。**

アナウンサーが感情を出さずに淡々とニュース原稿を読むのには理由がある。声は文よりも心が出やすいので、ニュースに感情が混ざってしまうことを避けるためなんだ。でも、最近はニュースの途中で感極まって泣いてしまうアナウンサーもいたりと、自分の音を鳴らしたっていいじゃないかという向きも出てきて、そうだよそうだよ、人間だものと思うのであった。

赤ちゃんは「アンパンマン」がなぜ好きか

「音としての声」の話をしてきましたが、そもそも音は人間にとって最も原始的な言語です。動物と同じく最初は「あー」とか「ぶー」とか音を発するところから言語活動が始まる。喃語《なんご》と呼ばれる赤ちゃん言葉だ。しばらくして、「まんま」とか「ママ」、「パパ」などの単語を発するようになる。もちろんまだ単語の意味はわかっていない。意味を理解するずっと前から、教えられなくても私たちは本能的に体から音を発する。

お腹が空いたらワーッと泣き、おしっこが出てもぎゃーんと泣き、自分の生命を守るために動物はみな本能で音を発する。お母さんやお父さんが眠っていたとしても、そうやってミルクや新しいおむつを得る知恵よねえ。

赤ちゃんは、しばらくすると母音やぱぴぷぺぽのような半濁音、それから口を閉じたまま発音できる「ん」とか「む」を話すようになる。赤ちゃん絵本の名作『じゃあじゃあびりびり』とか『いないいないばあ』には、音の響きの良さ、発しやすさ、そしてリフレインのおもしろさがあり、夢中で見てくれる子が多い。**赤ちゃん絵本は、子ども絵本より音を注視して作られている。**意味を知る前の、音の楽しさを味わっている最中の赤ちゃんに向けて作られているからだ。

子どもたちに30年以上愛される「それいけ！アンパンマン」。

この、ア・ン・パ・ン・マ・ンという音のすべてが、幼児の発音しやすい音で構成されているのは見事だ。2〜4歳くらいの子はもれなくみんなアンパンマンが大好きよねえ。でもばいきんまんのほうがキャラクターとしては人気があるそうで、つい悪役って応援したくなるよね。もしかするとアンパンマンというキャラクター以上に「アンパンマン」という音と、あのわかりやすい顔のフォルムに惹きつけられているんじゃないかしら。

やなせたかしさんが戦後、子どもがひもじい思いをしないようにと願いを込めて描いたアンパンマンは、真っ先に子どもに届く音の集合体でできていたのだ。私も子どもの頃はよく絵本を読んでもらった。その絵本を甥っ子たちがまた毎日のように読んでもらっていて、アンパンマンのすごさを実感したのだった。

ニックネームは「呼びたくなる音」

ちなみに私の名前は「くみこ」ですが、「く」も「み」も幼児には発音しにくかったらしく、甥っ子が2歳になったときに「びーこ」と呼び始めた。

「くみこ」→「みーこ」→「びーこ」という崩し方だと思われる。

それから10年後の今、近所の子どもたちからも「びーこさん」と呼ばれていて、この響きなかなか気に入っているのだ。私の地元では魚のことを赤ちゃん言葉で「びーこ」と言うので、「びーこさん」は「魚さん」ということになる。まあ、意味は考えずにつけられたあだ名なのでたまたまなんだけど、それも含めてナイスなあだ名よ。

子どもの頃のニックネームを思い起こすと意味よりも音によるところが大きかった。呼びやすさみたいなのが重要だったから。あだ名は覚えているのに本名を思い出せない同級生が案外たくさんいて、そっか6年間あだ名でしか呼んでなかったんだと知る。

だからあだ名のセンスは重要だ。呼ばれているうちに、自分自身が名前に引っ張られることもある。そういう私はくせ毛があまりに酷《ひど》かったので「ライオンたてがみ先生」とか「組長」というあだ名をつけられた時期があった。でも自然消滅していった。

名は体を表すと言うが、まったくライオンのような威厳はなかったし、組長のような統率力もなかったからだ。びーこさん以上のかっこいいあだ名をもらうことはなく、安定の「くみちゃん」止まりだった。

一方で人のあだ名をつけることが得意だった。大学の入学式にさらっと「とじーま」と呼んだ戸嶋君は今でもみんなから「とじーま」と呼ばれているし、楠君の「くっきー」もそうだ。意味ではなく、音だった。**呼びたくなる音**というのがある。

バンド時代にレコーディングエンジニアのアシスタントとして初めて出会った古賀君は、私と同じく城マニアだったので、なんとなく歴史っぽい名前がいいなと思って、古賀《こが》氏《うじ》と名付けた。黒髪に眼鏡のアシスタント、これは重臣になりそうではないか。15年経った今、彼は一流エンジニアとして活躍するようになった。でも、大御所のミュージシャンからも「こがうじ」と呼ばれていて、それを聞いた私はにんまりしたのだった。その名の通り、彼は今も歴史オタクを貫いている。

最近は学校であだ名をつけることが禁止になったと聞く。わからなくもない。呼ぶ人よりも、呼ばれる人のほうがその名を聞き続けるのだから。けれども、あだ名は友人たちから最初にもらう親愛の印に思うから、学校では駄目だとしても、気に入ったものであればできれば密かに呼び合ってほしい。

テレビCMは音の戦略

子どもたちだけではない。私たち大人も、大いに耳から入ってくる音によって言葉を捉えている。テレビやラジオのCMを聞いて、刷り込みのようにスーパーでその商品を買うなんていうこともあるでしょう。

懐しいものだと「カルビーの〜、ポテトチップス」とか、「ドンタコスったらドンタコス」も流行りましたねえ。「ショーシューリキー」「セキスーイハウス〜」。まだまだありますが、このように、商品名を歌と絡めているものがとっても多い。もう、ほとんどそうなんじゃないかと思うくらい、テレビCMは視覚だけでなく聴覚に訴える。「イヒッ」とか、「ファイトー、イッパーツ」、「ちょっと贅沢なビールです」この辺りは、さらに手が込んでいて、商品名を音化するのではなく、商品イメージを言葉と音で表現して憶《おぼ》えさせるという戦略ですね。ヱビスビールの「ちょっと贅沢なビールです」は、上品で少しお高めの商品イメージぴったりのいいフレーズだなあと思ったし、エナジードリンクに迷ったら、父世代はとりあえず安心のケイン・コスギの顔と声を思い出しリポビタンDを手に取っていた。タウリン1000ミリグラムがどのくらいすごいのかはわからないけれど。

旭化成の「イヒッ」を初めて見たときは衝撃だった。一体何このCM？ という疑問から入り、どんなことをしている企業なのか興味が湧いてくる。中身を見てもらえるきっかけを音から摑《つか》んでいたのだなあ。未だに何のCMだったのか思い出せないが、とりあえず旭化成は気になる存在として残っている。

選挙カーだって音だ。あんなに朝から晩まで名前を連呼されたら、政策内容は知らないのに名前はフルネームで言えるようになっていたりする。もちろん政策内容を調べてから投票となるけれど、数多いる立候補者の中の、気になるひとりには浮上してくるわけだ。もしかしたら、連呼された名前の記憶だけで投票してしまう人もいるかもしれない。

そんなわけで私たち大人も、意味や内容を知る前に、音としての言葉に左右されながら生活している。気にして街を歩けば音を使ったCMで溢れている。

それが行き過ぎると、戦時下の軍歌のように知らぬ間に国民の心を支配する力にもなり得るから怖い。物語や歌で教訓を教えることと紙一重なところがある。特に子どもたちを洗脳するには、音は文字よりも早かったのだ。

時代劇にまあまあの確率で出てくる「子《し》曰《いわ》く学びて時にこれを……」と寺子屋

で論語の素読をする子どもたち。江戸時代の子どもたちは、意味がまだわからずとも繰り返し音読し暗記したという。意味は大人になってわかるから、頭の柔らかいうちに叩き込むという方法だ。英語の習得も、書くよりリスニングのほうが早いと言われるが、口と耳から入った情報は簡単には抜けていかない。それは、目で文字を追うよりも身体機能を使った反復運動に近いからだ。

なぜ「よいしょ」と言ってしまうのか

徳島県の山間部にある那賀《なか》町が、数年前なんと町でCDを出した。地元の民謡や祝い唄、田植え唄などを収録したこの『阿波の遊行《ゆぎょう》』は、発売からしばらくするとミュージシャンの間で話題になりAmazonランキングでも上位に昇った。

この音源は1960年代から20年間、現代舞踊家の檜瑛司《ひのきえいじ》さんが四国をまわり村に残る民謡をフィールドワーク的に収録したもので、亡くなったあと、家族により役場に寄贈され、そこから久保田《くぼた》麻琴《まこと》さんによって再編集された。那賀町役場の柔軟さよ！四国にとって大切な資料が、私たちの手に届く形になったことに感動した。

聴いてみると、音楽というよりも唄が暮らしに必要不可欠なものであったことが見えてくる。たとえば収録されている『美郷《みさと》の田植え唄』や『牟岐《むぎ》の麦打ち唄』は、労働から唄ができている。作業の息を合わせるために自然に生まれた唄だろう。日本人は農耕民族だから、全国いろんなところに田植え唄が残っている。

我が家も代々農家で、田植え機や稲刈り機といった農機具のない時代は、水田に大きな立方体の木の定規のようなものをあてて、そこへ数名が一列に並んで唄を歌いながら苗を植えていたそうだ。そうするとピッタリと苗の位置を揃《そろ》えることができた。定規を前へ進ませ、歌で息を揃えて田植えをしたのだと祖母から聞いた。

つまり、労働効率を上げるための田植え唄だったのだ。想像するとなんと美しい光景。でも、ずっと手作業で腰が痛かっただろうなあ。祖母の代の女性はみんな腰が曲がっていて「よく働いた証だ」と言われた。いま私は百姓もしているので、少しは農作業のしんどさもわかるのだけれど、機械化が進んで救われたのは農家の女性だろう。

そんなきつい農作業が、田植え唄により少しは楽しくなったのではないか。あの時代の人はいつでも唄を携えていた。家でも、銭湯でも、畑でも、祭りでも。祖父母も近所の人たちも、玄関先に集まればみんなすぐ歌っていた。カラオケに行かずとも、唄は人生の一部だった。

農業をはじめ、林業や漁業など大人数が協力しないとできない第一次産業には労働歌が必要不可欠な道具だったのだと思う。また、しんどい労働のあと、お酒を一杯やりながら皆で歌うためでもあったと祖父が言っていた。今は、ほとんど機械化され、大量生産できる時代になったので、労働歌や掛け声は消滅しつつあるが、畑のチームでバンドをやりながら、唄がチームの心を繋いでいるなとも感じている。

民族音楽としても、檜さんの残した音源はとても価値のあるものだ。労働歌には、プロのミュージシャンが歌うのとはまた違った力強さと、説得力、生命を燃やす人間の色気を感じる。こういった唄の多くも口承だったため、書いたものが残っていなかったりするのだ。

今も私たちが重いものを持ち上げたりしながらつい言ってしまう「どっこいしょ」とか「よいしょ」とか「せーの」も、労働歌に近い。声を出すことで気分の切り替えができるし、タイミングも計れるし、気合いが入って何倍もの力を発揮することもできる。「気合い」という言葉もまた、気を合わせるという目には見えない感覚的な力を表す日本独自のものである。

スポーツ選手が実際に声を出しながら試合をするのも、そういう理由があるという。槍《やり》投げの後の雄叫び。卓球の「チョーレイ!」。見えない気の塊が飛んでくる。

先日、能楽師の有松遼一《ありまつりょういち》さんと対談させていただき、特別にお能の「謡《うたい》」を披露してくださった。話をしていたときと空気が一瞬で変わる。ものすごい声量。有松さんの体全体がびりびりと響いているのがわかる。体という筒がラッパやチューバのように鳴っている。ああ、体は楽器だなあと思った。

歌うとき、笑うとき、叫ぶとき、体にこもった気がぽーんと飛んでいく感覚。山で「やっほー」と叫ぶとき、とても気持ちがいい。そう、「気の持ちようが良い」のだ。音とは、声とは、体の中から出てくる気なのだとわかる。だからこそ、しゃべり言葉は文字では見えない人となりが見えてしまう。隠しようがないから困ることもある。

メールやSNSばかりで、声という臓器があまり使われていない今は、感情に乏しい時代だとも言える。声は動物の証でもある。泣くときにも笑うときにも、感情とともに声が出るのには意味がある。湯船に浸かるとついつい「はぁー」と言って息を吐いているのも、心身を整える上で必要なことなんだろう。「呼吸法」はときおり話題になるけれど、情報ばかり受け取ってしまう現代において、吐き出すことが足りてないことは一目瞭然。ストレスが体にこもってしまうと、空気が流れない。いつも唄を携えていた祖父母たちは、自然にそのことがわかっていたのだ。歌えば気が晴れていく。それは、体に風を通すことだったのだ。

唄や掛け声にもリズムがあるように、会話、演説、落語……話し言葉には100人いれば100通りのリズムがある。政治家は政治家っぽい話し方になるし、先生は先生の、噺家《はなしか》は噺家の話し方になる。同じ職業の人全員が同じ間合いでもない。話し方は性格の最も反映されるところだ。**そのリズムこそが、ごまかしようのない自己紹介である。**

手紙やメールではあんなに流暢《りゅうちょう》だったのに、会ってみると無口でしゃべらない人もいて、そのギャップに驚いたこともあった。声はいつも一発勝負。文章のように推敲《すいこう》も書き直しもできない。だからこそ本心が出やすい。数年前、中四国地方の民間放送ラジオの大会があり、審査員をさせてもらった。1ヶ月の間に、実に100時間近いラジオ番組を聞いていると、とてもよくわかるのだ。心が。声やしゃべり方、間合いで、本音か建前かが伝わってくる。文字では隠せても、声は表情の一部なんだなと思った。

匿名の140字が生むリズム

それならば文章にはリズムがないかといえば、そんなことはない。定形の決まった俳句や、川柳、短歌だけでなく、小説やエッセイにも書いた方のリズムが見える。それが楽しくて私たち「音派」は脳内音読を繰り返すのだと思う。

140文字という限られた枠の中で表現するTwitter（現：X）もそうだ。「Twitter文学」と言ってもいいくらい独特のリズム感を醸し出している。いわゆる「バズったツイート」を検索してみると、ちゃんとオチがあって大喜利っぽいものもあれば、子育てのこととか畜産業のこととか、世間が知らなかった小さな声を知るきっかけにもなる。もう随分前だけれど、保育園に落ちた方が「日本死ね」とツイートして話題になりそれが国会の答弁にあげられたこともあった。あのあたりからツイートは小さな声の代弁者として影響力を持つようになった。

140文字、リズム良く要点以外を削られた文章は、短時間で流れていく情報の波の中でキャッチされやすい上に、心の叫びが凝縮されている。「X」に変わる前後からは有料で長文でも投稿できるようになったけれど、やはり目を引くのは、短文で芯を食ったものが多い。それを作文用紙に書き連ねたら陳腐になるのかもしれない。**短いからこそ、リズムが重視される**のだ。

その「匿名性」はSNSの問題点にもなるが、匿名だからこそ書けるリアルで切実な内容も多い。現代版の目安箱とも言えるだろう。今やテレビニュースや新聞でも、SNSの声を市井のリアルな意見として取り上げるようになり、それが時代を変えるきっかけにもなった。マイノリティーが反旗を翻せるようになったことは光明に思えた。

YouTubeの出現で映画の時間が短くなったように、ブログの出現でエッセイ本の幅が広がったように、SNSの登場で私たちのスタンダードな文章のリズムは変わっていった。

「バズ」を狙うと自分の音が消えていく

誰もが表現できるプラットフォームをもてるようになり、東京に出てこなくても、音楽も文学も志せるようになった。みんなに門戸が開かれた時代だ。けれども、みんなに評価されることを恐れて、自分のリズムを出しにくくなっているのかなとも思う。

マスクをして顔の特徴を隠した数年間を楽だったと感じた人が多くいたように、SNSの匿名性に安心感を抱く気持ちもわかる。やっぱり、「高橋久美子」と名前を出して書くとき、本音の3割はぐっと抑えているもの。「バズること」だけが正解と信じるあまり、なるべく自分のリズムを、自分の声を出さなくなった人もいるかもしれない。匿名性が作り出した世界の気軽さと息苦しさ。

先日、大学生と対談をする機会があったのだが、「バンドをしているけれど評価が怖くて歌詞が書けない」と言う子がいた。YouTubeに投稿しても再生数が伸びなかったらどうしようと作る前から不安になるそうだ。「いいね」がつかなかったら、誹謗《ひぼう》中傷が来たら、どんな言葉がバズるのか。「日々、何百、何千の身近な才能を画面で見ていると、失敗するのが怖い」と言った。

私だって失敗はしたくない。でも何をもって失敗というのだろう。少なくとも「いいね」の数が基準ではない。そんなもんは、時代が追いついてないだけだと言いたい。私がバンドをはじめた学生時代はネットが主流ではなかったので、目の前のお客さんの反応がすべてだった。少ない日はライブハウスに2、3人しかお客さんが見に来てなかったけど、失敗だとは思わなかった。自分自身とても楽しかったし、いい曲だと思っていたからだ。どちらかと言うと、デビューして関わる人の人数が増えてからのほうが、じわじわとその重責を感じるようになった。

身一つの学生時代は好きなことだけやっていた。たとえデビューできてなかったとしても、私たちは失敗だとは思わなかったはずだ。私たちが素晴らしいと思って鳴らせば、それがすべてだったから。

コロナ禍で時代が変わったと言うけれど、もっと前から、スマホができてから、じわじわと時代の流れは変わっていたんよ。確かに、バズってたくさんの共感を得られるのは嬉しいかもしれない。それが自分の言葉を、自分のリズムを表現した結果ならばいいけれど、**バズることだけを目的にした表現に満たされることは、やがて虚しくなるのではないか。**泉の根源が自分ではないからだ。自分が素敵だな、かっこいいな、悲しいなと感じたら、それは自分だけのものだった。そっと日記に書くだけで十分だったはずだ。自分らしい文章で、自分だけに向けて。

自分以外の不特定多数に、自分の世界を伝えられたらいいなとはじまったSNS。共感もいいけれど、あなたらしいリズムで書けたほうがきっと楽しい。

じゃあ、自分らしい文章って、いい文章ってなんだ？　そもそも私たちは先人の作った世界の上で暮らしている。言葉も、衣服も、音楽も。一から私たちが作ったものなんて何もない。自分らしい文章と言ったって、新しい言語を作るわけではないのだ。

あの音楽かっこいいなと恋をしたように、夢中で本や漫画を読んだように、あなたの好きな文章のリズムを知るところからスタートしてみましょう。

私の好きな「いい音がする文章」

column 1

文豪の音

章と章の間のコラムでは、俳句や詩のようにもともとリズムがある文体ではなく、小説やエッセイなど、散文から「いい音がする文章」を紹介します。文筆家が書いた文だけでなく、いろいろな職業の人の文章を紹介したいと思います。

とはいえ、まずは、その後の作家たちに、影響を与えてきたであろう文豪から。夏目漱石や川端康成、芥川龍之介、太宰治、谷崎潤一郎など、いわゆる文豪たちの文体っていうのは、現代文学の基礎になっていますね。後輩たちがこぞって模写したり、それを超えるものを作ろうと目指したはずだ。

私が高校の教科書を読んで惹かれたのは夏目漱石の『こころ』だった。それまでに『坊っちゃん』や『草枕』などを読んで、夏目漱石って意外に読みやすいんだなという印象だったけれど、高校生の陰鬱な私の心にフィットしたのが『こころ』だった。暗い。なんでこんなに暗い話を高校の教科書に入れたんだろうかと思うんだけど、これこそが純文学との出会いだった。

教科書には芥川の『羅生門』も入っていて、こちらもなかなかに暗くて怖い話だが、『こころ』は怖さの種類が違う。人間の心理を描いたリアルな不協和音で、だがその不協和音がとても美しい音で書かれている。人間の弱い部分をとことんまで解析して、タイトルを『こころ』なんて、完璧だなとゾワッとした。

前半は、先生の書生である「私」が語る形で物語が進行する。

> 私は心のうちで、父と先生とを比較して見た。両方とも世間から見れば、生きているか死んでいるか分からない程大人しい男であった。他《ひと》に認められるという点からいえば何方《どっち》も零《れい》であった。それでいて、この将碁を差したがる父は、単なる娯楽の相手としても私には物足りなかった。かつて遊興のために往来《ゆきき》をした覚《おぼえ》のない先生は、歓楽の交際から出る親しみ以上に、何時《いつ》か私の頭に影響を与えていた。ただ頭というのはあまりに冷《ひや》か過ぎるから、私

は胸と云《い》い直したい。肉のなかに先生の力が喰《く》い込んでいると云っても、血のなかに先生の命が流れていると云っても、その時の私には少しも誇張でないように思われた。

メロウです。特に最後の一文にはぎょっとする。でも、決して難しい言葉を連ねているわけではない。あくまで高校生にも理解できるような優しい言葉で、手の届かない深い場所を握られた感じだった。開きそうで開かないカーテンのよう。向こうは日が出ているのに、ずっと部屋の中は暗い。

後半、いきなり先生の遺書になるという劇的な展開なんだけれど、表現はあくまで淡々と、地を這《は》うように先生の心の葛藤が書き続けられる。

要するに私は正直な路を歩く積りで、つい足を滑らした馬鹿ものでした。もしくは狡猾《こうかつ》な男でした。そうして其所に気のついているものは、今のところただ天と私の心だけだったのです。然し立ち直って、もう一歩前へ踏み出そうとするには、今滑った事を是非とも周囲の人に知られなければならない窮境に陥いったのです。

［以上、夏目漱石『こころ』（新潮文庫）より］

夏目漱石の弟子だったといわれているのが芥川龍之介で、その芥川に憧れて小説を書き始めたのが太宰治だ。芥川の文章も、実はとてもわかりやすい。私は紙芝居で『蜘蛛《くも》の糸』をよく読むんですが、淡々と静かであるほどに、怖いのよねえ。では、『羅生門』から一節。

下人《げにん》は、老婆をつき放すと、いきなり、太刀《たち》の鞘《さや》を払って、白い鋼《はがね》の色を、その目の前へつきつけた。けれども、老婆は黙っている。両手をわなわなふるわせて、肩で息を切りながら、目を、目玉がまぶたの外へ出そうになるほど、見開いて、唖《おし》のように執拗《しゅうね》く黙っている。これを見ると、下人は初めて明白にこの老婆の生死が、全然、自分の意志に支配されているという事を意識した。そうして、この意識は、今までけわしく燃えていた憎悪の心を、いつのまにかさましてしまった。あとに残ったのは、ただ、ある仕事をして、それが円満に成就した時の、安らかな得意と満足とがあるばかりである。

［芥川龍之介『羅生門・鼻・芋粥・偸盗』（岩波文庫）より］

改めて読んでみて、惨忍な現場を表現しているのに、音はとても静かなことに驚く。そして、舞台としてはむちゃくちゃ派手で恐ろしいのだけれど、『こころ』同様に、人間の心情の変化がつぶさに書き記されていて、読む度に音も変わる。

お次は、太宰治の『走れメロス』の冒頭部です。私、この物語の音全般、ものすごく好きなのです。

メロスは激怒した。必ず、かの邪智暴虐の王を除かなければならぬと決意した。メロスには政治がわからぬ。メロスは、村の牧人である。笛を吹き、羊と遊んで暮らして来た。けれども邪悪に対しては、人一倍に敏感であった。きょう未明メロスは村を出発し、野を越え山越え、十里はなれたこのシラクスの市にやって来た。メロスには父も、母もない。女房もない。十六の、内気な妹と二人暮しだ。この妹は、村のある律気な一牧人を、近々、花婿として迎えることになっていた。［太宰治『斜陽 人間失格 桜桃 走れメロス 外七篇』（文春文庫）より］

まるで、舞台上で役者が語っているかのように、これだけの文で世界に引き込まれる音だ。「激怒」、「邪智暴虐《じゃちぼうぎゃく》」「邪悪」といった濁音が多く、硬めの単語を多用することで、これから始まる物語の厳しさが想像される。この数行の間に読点が11ヶ所もある。一文の短さによって、強さと伝わりやすさが増す。〈メロスには父も、母も、女房もない〉としても良さそうなところを、〈メロスには父も、母もない。女房もない〉と「ない」が強調されることで、その後に書かれた妹がいかに大切な存在かがわかる。短文をたたみかけていることで、メロスの怒りと逼迫《ひっぱく》した状況が想像できた。

太宰の他の作品も読んでみましょう。『グッド・バイ』は未完の遺作だ。彼の作品の中でもとくに会話も地の文もリズミカルな部分が多く、落語のようでもある。かと思えば、じっとりとシツコイなと思うところもあって、そのギャップが魅力的だ。

「行進（二）」の中から抜粋です。

田島はなじみの闇の料理屋へキヌ子を案内する。

「ここ、何か、自慢の料理でもあるの？」

「そうだな、トンカツが自慢らしいよ。」

「いただくわ。私、おなかが空《す》いてるの。それから、何が出来るの？」

「たいてい出来るだろうけど、いったい、どんなものを食べたいんだい。」

「ここの自慢のもの。トンカツの他に何か無いの？」

「ここのトンカツは、大きいよ。」

「ケチねえ。あなたは、だめ。私奥へ行って聞いて来るわ。」

怪力、大食い、これが、しかし、全くのすごい美人なのだ。取り逃がしてはならぬ。田島はウイスキイを飲み、キヌ子のいくらでもいくらでも澄まして食べるのを、すこぶるいまいましい気持でながめながら、彼のいわゆる頼み事について語った。キヌ子は、ただ食べながら、聞いているのか、いないのか、ほとんど彼の物語りには興味を覚えぬ様子であった。

「引受けてくれるね？」

「バカだわ、あなたは。まるでなってやしないじゃないの。」


テンポよくたたたーっと読みたくなる掛け合いは吹き出しそう。「キヌ子のいくらでもいくらでも澄まして食べるのを」の部分の「いくらでも」をあえて2回繰り返しているのや、口上のような「怪力、大食い、これが、しかし、全くのすごい美人なのだ」の歯切れの良さ。音によって、ぐんぐんと話に引き込まれる。

続いて、同小説の「行進（五）」より、頭部分を。『走れメロス』とは対極に、まだ行くんかい！　と突っ込みたくなるほど、一文が続く。その後、テンポよく会話文がくるギャップに悶《もだ》えるので、注目して朗読してみてください。

セットの終ったころ、田島は、そっとまた美容室にはいって来て、一すんくらいの厚さの紙幣のたばを、美容師の白い上衣《うわぎ》のポケットに滑りこませ、ほとんご祈るような気持で、

「グッド・バイ。」

とささやき、その声が自分でも意外に思ったくらい、いたわるような、あやまるような、優しい、哀調に似たものを帯びていた。

キヌ子は無言で立上る。青木さんも無言で、キヌ子のスカートなど直してやる。田島は、一足さきに外に飛び出す。

ああ、別離は、くるしい。

キヌ子は無表情で、あとからやって来て、

「そんなに、うまくも無いじゃないの。」

「何が？」

「パーマ。」

バカ野郎！　とキヌ子を怒鳴ってやりたくなったが、しかし、デパートの中なので、こらえた。青木という女は、他人の悪口など決して言わなかった。お金もほしがらなかったし、よく洗濯もしてくれた。

「これで、もう、おしまい？」

「そう。」

田島は、ただもう、やたらにわびしい。

「あんな事で、もう、わかれてしまうなんて、あの子も、意久地《いくじ》が無いね。ちょっと、べっぴんさんじゃないか。あのくらいの器量なら、……」

「やめろ！　あの子だなんて、失敬な呼び方は、よしてくれ。おとなしいひとなんだよ、あのひとは。君なんかとは、違うんだ。とにかく、黙っていてくれ。君のその鴉《からす》の声みたいなのを聞いていると、気が狂いそうになる。」

「おやおや、おそれいりまめ。」

わあ！　何というゲスな駄じゃれ。全く、田島は気が狂いそう。

〔以上、太宰治『グッド・バイ』（新潮文庫）より〕

「グッド・バイ」や「おそれいりまめ」のような、音としてのキラーワードが随所にちりばめられていて、とにかく愉快。コミカルでゲスな会話劇は、あばれ馬コースターに乗っているようだ。

登場人物たちの感情が頻繁に上下するから読んでいても揺さぶられる。**文のリズムとは、音だけでなく、人物たちの性格とか、喜怒哀楽の変化によるところも大きいと思う。**物語のバックに流れる音楽が、カノンから天国と地獄に変わってまたカノンになって……というふうに。

句読点が多いのも太宰の文の特徴で、なにか、せっつかれるような感じになるのは私だけでしょうか。読み方はいろいろでしょうけれど、この句読点の多さで一呼吸おいてメロウにとはならないで、逆に、鳥が餌を啄《ついば》むような、忙《せわ》しなさを感じるのだ。

次は、太宰より13年先に生まれた詩人で童話作家の宮沢賢治です。二人の共通点といえば、どちらも東北生まれということだが、太宰は大学進学で東京に出ている。賢治はというと、故郷の岩手県花巻市に残り、教師をしながら詩や童話の創作をし、農業の発展に尽くしてきた。
「農民芸術概論綱要」も素晴らしいリズムですが、ここでは代表作『銀河鉄道の夜』から一節をどうぞ。

「月夜でないよ。銀河だから光るんだよ。」ジョバンニは云いながら、まるではね上りたいくらい愉快になって、足をこつこつ鳴らし、窓から顔を出して、高く高く星めぐりの口笛を吹きながら一生けん命延びあがって、その天の川の水を、見きわめようとしましたが、はじめはどうしてもそれが、はっきりしませんでした。けれどもだんだん気をつけて見ると、そのきれいな水は、ガラスよりも水素よりもすきとおって、ときどき眼の加減か、ちらちら紫いろのこまかな波をたてたり、虹のようにぎらっと光ったりしながら、声もなくどんどん流れて行き、野原にはあっちにもこっちにも、燐光《りんこう》の三角標が、うつくしく立っていたのです。遠いものは小さく、近いものは大きく、遠いものは橙《だいだい》や黄いろではっきりし、近いものは青白く少しかすんで、或いは三角形、或いは四辺形、あるいは電《いなずま》や鎖の形、さまざまにならんで、野原いっぱい光っているのでした。ジョバンニは、まるでどきどきして、頭をやけに振りました。するとほんとうに、そのきれいな野原中の青や橙や、いろいろかがやく三角標も、てんでに息をつくように、ちらちらゆれたり顫《ふる》えたりしました。

［宮沢賢治『新編 銀河鉄道の夜』（新潮文庫）より］

「こつこつ」「ぎらっ」「ちらちら」「どきどき」のような、擬音語や擬態語が鳴りまくっていて、少年の逸《はや》る気持ちが伝わってくる。驚くのは、これだけの文章量に5つしか句点がないことだ。一文がとても長い。童話作家だから読みやすいのかと思ったら、銀河鉄道の夜は意外と読みにくくて、途中で挫折した人も多いのではないでしょうか。形容が非常に多く、その様子を想像するために私も何度も繰り返し声に出して読んだ。

読めば読むほどに、私たちの脳内には、漆黒の宇宙に明滅する星屑《ほしくず》が浮かび上がる。スルメ曲ならぬ、スルメ物語だ。いつしか、私も旅をするジョバンニとカムパネルラの隣にいた。読みやすい文だけが良い文とは限らない。**本は頭から読まず**

とも、好きだなと思う部分だけを繰り返し読むのも立派な読書だと言いたい。朗読する度に、深まっていくのも良い読書だ。

『注文の多い料理店』は、紙芝居で子どもたちによく読むのだけれど、大人気です。100年以上前に作られたお話のおもしろさが、今の子どもたちにも伝わっているのだ。そこには賢治が常にテーマとして掲げてきた自然と人間の共生があり、自然への畏怖と人間の愚かさが、絶妙に子どもたちに伝わってるんですね。それに、起承転結のリズムが素晴らしいのなんの。この物語は、是非全体を通して読んでみてくださいね。

童話というところで次は、石牟礼道子《いしむれみちこ》さんの『あやとりの記』を紹介します。石牟礼さんは、1927年生まれ。小学生の頃から詩や短歌を作っていたそうです。小学校教諭を経て作家になられた。出身地である熊本の水俣《みなまた》病患者支援運動に深く関わり『苦海《くがい》浄土』は社会に大きな影響を与えた。

宮沢賢治にも影響を受けたそうで、『あやとりの記』は、それがわかる慈愛に満ちた幻想的な文体だなと思う。

地蔵さまはうごかぬ肩のまま、杉の梢《こずえ》は、夕暮れの静寂を吸いこんで呼吸をととのえました。世界は物語と音楽に満ち、それはみっちんがはじめて聴いた、ものたちの賑《にぎわ》いの時間でした。青い橙の実は、固くて丸い自分の色で、自分の調べを唄い、燕《つばくろ》を乗せていない電線が、沖の島にむかって、今から音譜を入れられる譜線のように銀色に浮き出ていました。その気配たちは、雪を被《かず》いている自分の形を脱《ぬ》けだして、いっせいに囁《ささや》き交わしてはいましたが、てんでんばらばらにべつべつのことを語っているというふうではありませんでした。ものたちは、宇宙の呼吸に、あの低められた静かな呼吸にうながされて語り、あるいは唄っているように思えました。

[石牟礼道子『あやとりの記』(福音館文庫)より]

森羅万象のすべてを、詩として書かれている。並ぶ電線を譜面のようだと思う瞬間は私にもあるけれど、「今から音譜を入れられる譜線」と形容するところは見事で、この美しい詩の連なりからできた文章を、何度でも口に出したくなる。宮沢賢治同様、想像力が必要な幻想的なお話ゆえ、実は難解でもある。ただ、ひらがなが多いので、脳内で再生される音は優しい。一気に読むのではなく、そのメロディをじっくりと楽しむための本だなあと思う。

美しいといえば、最近、読んだ本の中で、思わず朗読していた本が、吉本ばななさんの『はーばーらいと』だった。一行一行の文の美しさよ。本当に良い本は、ストーリーのおもしろさよりも、地の文の美しさだと私は思う。

結末は一度読めば、わかってしまう。物語がゴールした後も、何度も何度も繰り返し開きたくなる本、それは、一行が唄っている。まるで詩の集合体でできているような本を、私は愛する。

なにも変わらない毎日なのに、ひばりだけがいない。

いつも通りの穏やかに長く続く浜辺、後ろは防風林の松の緑が色濃く続いていた。

空は高く抜けるような青で、緑の山はこんもりと丸かった。

もうすぐ夏が来るのに、ひばりには会えないのか。ずっといっしょに育ってきたのになあ。

泣きはしなかった。泣くよりも深い虚しさがあることを、僕はそのとき人生で初めて知った。
頭の上の真っ青な世界を、茶色いとんびが高く鳴きながら舞っていた。
もう僕の世界にあいつはいないんだなあ、と思いながら、その透明な空を眺めていた。
海はくりかえし美しい音をたてて、浜に透明な波を寄せていた。
ひばりの横顔が隣にずっとある感じがどうしても消えなかった。
砂を噛《か》んでいるような、進みの遅い日々だった。

［吉本ばなな『はーばーらいと』（晶文社）より］

詩の集合体と書いたけれど、一文ずつ改行しているのを見ると、詩のように行間に思いを馳せて読めるように作られた本なんじゃないかと思った。吉本ばななさんの『ムーンライト・シャドウ』という作品の一部が、高校時代、全国模試の現代文で使われていたことがあった。試験というのも忘れて、私は読みながら涙が出てきて、放課後すぐに図書館へ行って借りた。地の文章が美しいと、たとえ抜粋だとしても、色褪《いろあ》せることがないんだなと思った。

第2章

文のリズム・日本人のリズム

国語の
授業といえば
音読でしたよね。

宿題でも毎日のように音読。特別に文の書き方を勉強していなくても、みんななんとなく文章が書けるのは、この音読により文のリズムを体感として覚えたからではないでしょうか。特に小学低学年の教科書は国語と音楽の境が曖昧。**言葉は、意味よりもまず音**だったのです。

この章では、音読の魅力に迫り、さらには、日本古来の音やリズムってなんぞや？　を考えてみましょう。文章に宿る音も聞こえてくるようになりますよ。

さあ、もう一度、楽しき音読の世界へ！

11歳からの「文のリズムの作り方」

書店に並んでいる本の半分くらいは、書くことを生業にしてない人が書いたものだ。芸人やミュージシャン、YouTuber、スポーツ選手、タレント、料理家、僧侶、猟師や農家、主婦、ニート、学生、おばあさん、誰もが文章を発表できる時代だ。ギターを渡しても弾ける人は1割程度だと思うけど、鉛筆を渡して日記を書いてと言えば、ほぼほぼみんな書けるだろう。「書けませんよー」と言ってる人に限っておもしろい文を書く。

その人にしか見えない景色こそがおもしろさの7割で、書くとは何を見て生きるかということだ。その人生こそが唯一無二のリズムだ。

では、私たちはどこで文章が書けるようになったのか。音楽のように、特別に練習した記憶はない。塾だって、数学と英語は行ったけど、国語の塾ってそもそもあまりない。大学で文学部に行った人は少数だ。ああ、そうか……小学校の国語の授業だ。私は書くことの基礎を国語の授業で身につけたはずだ。

小学5年で「倒置法」とか「体言止め」を習ったの覚えとる？　ひっくり返すだけで同じ文章でもこんなに印象が違うのかと思った。体言止めは、文章の最後を名詞・代名詞で終える手法だ。最後の単語が強調され、同時に文章が躍動的になった。

「奄美大島でカラフルな魚を見た」

という一文を体言止めにすると、

「奄美大島で見たカラフルな魚」

となる。文全体のリズムが引き締まり〝カラフルな魚〟が強調される。小学生の私は、日記でもさっそく習った技法を試してみるようになった。文章のダイナミクスが増し、読み手としてもストーリーに入っていきやすいと思った。ただ、使いすぎると効果が半減して、文全体が軽くなるので注意が必要だ。

倒置法もよく使った。

「映画が始まったときから、ずっとトイレに行きたかったのだ」

という文を倒置法で表現すると、

「ずっとトイレに行きたかったのだ、映画がはじまったときから」

となる。頭に「トイレに行きたかった」と言うほうが、聞き手を惹きつけられ、映画が始まったときからだと後に告げるほうが、キツさがより伝わる。倒置法も、文章に抑揚をつける方法の一つだ。

ただ、これらは会話文や小説やエッセイにこそ本領発揮する手法で、新聞や説明書みたいな冷静さが重視される媒体で使ったらまずい。

「前回を2ポイント下回った、投票率」

とか

「最初に取り付けましょう、ナットから」

なんて、卒業式の贈る言葉みたいになる。

倒置法とか体言止めを習ったあと、先生が「文章のリズムを決めるのは語尾です」と言ったのをよくよく覚えている。語尾を「です。ます。」にするか、「た。だ。」にするか統一しましょうと教えてくれ、「た。だ。」で揃える場合も、語尾を「た。」だけにしてしまうと、一本調子でリズムが良くない。

「〜だった。〜だったからだ。〜笑っている。〜真っ赤な魚。〜かもしれない。〜だったのだから」

のように、時に体言止めや倒置法を駆使しながら、語尾に小さな波をいっぱい立たせましょう、と言うのだ。なるほど、読んでいても飽きないと思った。あの日から、毎日の日記も、最後には語尾をチェックして、さらに朗読する癖もはじまった。先生の教えてくれた、「小さな波をいっぱい立たせる」作戦を、私は30年以上ずっと守ってきた。

ただ、「た。だ。」か「です。ます。」で揃えるっていうんはなくても良くない？　と思って、作家になってからその法則を破ったら、独自のリズムになった感じがします。先生、ごめんなさい。

国語は音読から始まる

小学校に入学すると、毎日音読の宿題があった。帰ってひとしきり遊んだあと、ランドセルをあけて宿題だ。国語の教科書の音読を家族に聞いてもらった人も多いのではないだろうか。

それは、30年以上経った今も行なわれている。4月、新学期。私と同じく、もらったその日に教科書を全部読んでしまうという小4の姪っ子は、リズムよくすらすらと音読する。小学校に上がりたての甥っ子は、まだ文字を追って読むのは難しそうだが、耳で先生の音読を覚えたのだろう、こちらも気持ち良いリズムで暗唱する。

あさの　おひさま

おおきいな
のっこり　うみから
おきだした

あさの　おひさま
あかい　かお
ざぶんと　うみで
あらったよ

（「あさの　おひさま」より『こくご　一上　かざぐるま　令和5年度』（光村図書出版）より）

うん、いい声、いいリズム。そのページの横には小さな文字で「こえに　だして　よんだり、ともだちの　はなしを　きいたり、ことばで　あそんだり　しましょう」と書かれている。そうか、言葉と仲良くなるには、まずは音で遊ぶのがいいんだな。**書くより先に読む**なのだ。

子どもの頃に近所の子と「花いちもんめ」や「なべなべそこぬけ」「かごめかごめ」をやったが、わらべうたも、言葉を使った、しかも動作が加わった遊びだ。そのうちわらべうたと缶けりを合体させた「ぷかぽん」という遊びを、独自に考え出したりして、大人の考える遊びの範疇《はんちゅう》を超えて宇宙は広がり続けた。リズム感を養うのにとても大事な時期だったと思う。言語と運動は別物のように思われるかもしれないが、子どもの頃は座って勉強するだけでなく、動作を伴いながら経験とともに覚えていくことのほうが脳の発達においても重要とされている。

テキストコミュニケーションとしゃべり言葉の一番の違いは、体を通しているかどうかだ。わらべうたや労働歌のような大きな動きはなくても、声を出すとは、身体機能の一つ。つまり体で覚えていく〝動作〟の一つなのだ。視覚だけでなく、耳でも言葉をとらえるというのは、より原始的な感覚を生かした理にかなった方法。受験勉強も、目視と筆記だけでなく、何度も口に出して聴覚でも覚えると有効だそうだ。

「あさの　おひさま」を実際に朗読してみてください。7・5のリズムになっていることに気づくでしょう。また、文の始まりに「あ」が多く使われている。「アンパンマン」同様、赤ちゃんが初めて発するのは母音の「あ」のことが多い。まだ言葉に不慣れな1年生にも発声しやすい音なのです。

「あさ」という言葉の晴れやかさは、この「あ」によるところが大きい。

「あかい」「ざぶん」「あらった」なども、口を大きく開く発声と結びついて軽快なイメージになるんですね。歌詞を書くとき、私はついこの「あ」に頼ってしまいます。

さて、次の詩は、私が小学3年生のときの教科書に載っていたものです。

夕日がせなかをおしてくる
まっかなうででおしてくる
歩くぼくらのうしろから
でっかい声でよびかける
さよなら　さよなら
さよなら　きみたち
ばんごはんがまってるぞ
あしたの朝ねすごすな

(「夕日がせなかをおしてくる」より『国語三上　わかば　平成3年度』(光村図書出版))

作者は「サッちゃん」など数々の童謡詩を残した詩人の阪田寛夫《ひろお》さん。

この詩は1968年に放送されたNHK「みんなのうた」で歌われていたそうだ。曲だったものが音楽ではなく国語の教科書に載ったのだ。もともと詩として作られて曲になったわけだから、国語の教科書に掲載されることに不思議はないけれど、1982年生まれの私は、この詩が実はとっても有名な曲だったと知らずにいた。

国語の授業で毎日朗読したのち、ある日先生が「実は歌だったのです。歌ってみましょう」といきなりカセットをかけた。**音楽になった途端に、言葉は言葉以上の感情を持った。**朗読のリズムで慣れていたから、私は歌いながらなんだかこっ恥ずかしさが込み上げてきたのだった。

朗読と歌はどちらも声の分野であるのに、歌になると、言葉が伝える景色以上に感情的になる。「さーよなーらーさよーならー」とサビを歌い上げると、私の中でできていた詩のイメージを全部かっさらっていった。メロディってやつはずるい。

「わらべうた」は、サビがないものがほとんどだ。メロディにも抑揚がなく、多くとも5音程を行ったり来たり、しゃべり言葉に近い。朗読と歌の中間だと思う。しかしこの歌は違った。歌謡曲に近かったのだ。サビの「さよなら」で音程がスコンと上がり歌い上げるメロディラインだった。朗読していたときのイメージとはまるで違っていた。同時に、言葉が本来持つ7・5調のリズムの美しさが消えてしまった。歌として先に出会っていたら良かったのかもしれないけど、後味の悪い経験として残っている。歌と言葉の関係性を意識した出来事だった。

松任谷由実さんの『春よ、来い』も、私の時代は音楽の授業で習ったはずなんだけど、今は国語の教科書に歌詞が掲載されるようになりましたね。子どもの頃から名曲だなあと聴いていたけれど、改めて歌詞を鑑賞するというのは、音楽の聴き方にも深みが増していいかもしれない。

でも、是非、曲を味わってから、歌詞を読んでほしい。なぜなら、作り手たちは、歌詞と曲と両方で100になるように作っていると思うからだ。

1年生の教科書に戻りましょう。さらに教科書中ほどの『おもちゃと　おもちゃ』では、

おきゃくが　ぎょうれつ
しょうてんがい。
おもちの　ならぶ
おもちやさん。
おもちゃが　いっぱい
おもちゃやさん。

（「おもちゃと　おもちゃ」より『こくご　一上　かざぐるま　令和5年度』（光村図書出版））

私が読んでも間違いそうな「おもちや」と「おもちゃ」。日本語って、ややこしやー なんですね。早口言葉のように、あくまでも遊ぶ感覚で学ばせようという狙いだろう。
「あさの　おひさま」に比べると、難易度が上がってきます。でも、7・5調や8・5調のリズムが気持ちいいですね。さ、声に出してみてください。

誰もみな「音」から言葉を好きになる

そして、小学校の国語で私の体に染み付いたのは「リフレイン（繰り返し）」だった。私が今もエッセイや詩でよく使う技法の一つだ。1年生と言えば「おおきな　かぶ」ですよね。

〈あまい　あまい　かぶに　なれ。おおきな　おおきな　かぶに　なれ〉

おじいさんの願いがこもっているからこそ、リフレインの効果がある。
さらに、物語の中に呪文のように、実に6回も出てくる、

〈うんとこしょ、どっこいしょ〉

大きなかぶといったら、これっきゃない。第1章でも書いた身体的な労働の中から生まれた掛け声だ。

「おおきな　かぶ」の物語のあとに、〈うごきながら　こえに　だそう〉という項目があり、数人で大きなかぶを引っ張っている挿絵もある。実際に**動作を入れながら発声するほうが説得力が増す**ということだ。

私も農作業をしながら、よく、「どっこいしょ」とか「よっこらしょ」なんて言ってしまうけど、動作と言葉は繋がっている。この作品は物語の素晴らしさだけでなく、動作から生まれた音を繰り返すという観点でも重要なんだ。だからこそ30年以上学校教育で使われ続けているのだろう。

〈かぶを　おじいさんが　ひっぱって　おじいさんを　おばあさんが　ひっぱって、おばあさんを　まごが　ひっぱって〉

このフレーズは登場人物とともに変化しながら、作中に4回も登場してくる。実はこの物語、8割がほぼ同じフレーズのリフレインで構成されている。まだ言葉に不慣れな1年生が、身体の動きとリンクさせながら言語感覚を身につけていく大事な教材なのだ。

さらにさらに、夏休み前の総仕上げの大作がこちら。

おむすび　ころりん　すっとんとん。
ころころ　ころりん　すっとんとん。

おなじみのフレーズが、部分的に変化しながら、7回以上登場してくる「おむすびころりん」。かぶを引っぱったり、おむすびが転がるといった、動きが音へ、さらに音が言葉へと順序を追って変化していくことがわかる。

とうとう　あしを　すべらせて、
じぶんも　あなへ　すっとんとん、
ねずみの　おうちに　とびこんだ。

おじいさん　ころりん　すっとんとん。
おむすび　たくさん　ありがとう。
おいしい　ごちそう　さあ　ごうぞ。

（「おむすび　ころりん」より『こくご　一上　かざぐるま　令和5年度』（光村図書出版））

長い物語の大半が7・5調で進み、メロディはないのに、まるで歌のようにリズミカルに全文を読むことができる。

これが1年生の1学期の教科書だ。読み返してみて、想像以上に私たちは、音やリズムから言語を学んでいたのだと思った。

このように絵本や児童文学は、より音を意識して作られている。例えば、赤ちゃん絵本として40年以上親しまれている『じゃあじゃあびりびり』は、ほとんど音で構成された絵本だ。

〈じどうしゃ／ぶーぶーぶーぶー〉
〈みず／じゃあ　じゃあ　じゃあ〉

など、オノマトペが繰り返される。甥っ子たちも赤ちゃんのときこの絵本が大好きで、意味はわからずとも反射的に喜んだ。私たちは、本能的に音やリズムの良い言葉に耳を傾けてきたのだ。

日本屈指の絵本の出版社、福音館書店の編集部長だった松居直《ただし》さんが1973年に書かれ、2023年に文庫化された『絵本とは何か』で、松居さんはこのように語っている。

ことばはまず音やリズムからはじまって、イメージや意味を獲得してゆきます。このことばの音やリズムの面の豊かな体験による、耳とことばの関係をもっと大切に考えてください。ことばには音の要素が不可欠の部分としてあり、そこにことばの美しさの大きな部分があります。ところが現在はどちらかというと、ことばは意味や文字とのつながりが重視されすぎて、生き生きしたことばの生命力が見失われがちです。今の私たちの日本語は、「ことだま」的な生命力を失ってはしないでしょうか。解説的なことばになりすぎていはしないでしょうか。幼児期のはじめに、わらべうたや詩の絵本をぜひ読んでもらいたいものです。

［松居直『絵本とは何か』（ちくま文庫）より］

意味だけを追い求めて論理化すればするほどに、言葉の本来持つ輝きが失われてしまうということだ。

幼少期に、松居さんの言う「ことだま」に触れることは、これまでならば親子の遊びや、絵本の読み聞かせの中で自然に体験できていた。今は、YouTubeやテレビがその代わりになっていることも珍しくない。そのことについて、松居さんは同書のなかで、「失われているものも大きいのではないだろうか」と言う。

さらに、コミュニケーションの基本は親と子の伝えあいからはじまるべきで、それは人間関係も文化も伝えあいが出発点だからだと続く。一方的に話しかけるだけの動画では会話は成り立たないということなのだ。

「いい音がする文章」こそが時代を越える

その後も中学生頃まで、国語ではひたすら「音読」や「暗唱」をすることになる。中学時代も、「朝のリレー」、『竹取物語』、『奥の細道』など、朗読していた記憶、みなさんもあると思います。江戸時代の寺子屋も「子曰く……」と暗唱からはじまるように、**意味よりも先に体に音を馴染ませる**ということを、私たちは長らくやってきたのだ。

カムチャッカの若者が
きりんの夢を見ているとき
メキシコの娘は
朝もやの中でバスを待っている

〔「朝のリレー」『国語1　令和5年度』（光村図書出版）より〕

谷川俊太郎の詩は声に出して読めば読むほどに、美しさが際立ち、意味以上の味わいを教えてくれた。私は教科書の音読が好きだったが、それは声に出して気持ちのいい文章を選んでくれていたからだったのだ。

何十年何百年と残っていく文章というのは、内容もさることながら、そもそもリズムがいい。強さや柔らかさ、オノマトペの心地よさ、リフレイン、方言……文章とは、その音にも作者の個性と魅力が発揮されている。それらは声に出せば体でわかる。

是非、あなたの好きな詩を、絵本を、小説を、声に出して読んでみてほしい。論理を重視する新聞や取扱説明書と、詩や小説はまるきりリズムが違うはずだ。

詩や小説、絵本、エッセイといった読み物は、特にリズムが重要だ。**リズムや響きが良い文章しか残ってこなかったのではないかとさえ思う。**

では、「リズムや響きが良い文章」とはなんだろう。たとえば、『平家物語』の冒頭。

祇園精舎の鐘の声　諸行無常の響あり
沙羅双樹《さらそうじゅ》の花の色　盛者必衰《じょうしゃひっすい》の理《ことわり》をあらわす
奢《おご》れる人も久しからず　ただ春の夜《よ》の夢のごとし

これなんて、数百年の大ヒット曲なわけだ。7・5調のリリックは、ラップにしたら絶対にかっこいいでしょう。日本語のラップも7・5になっていることが多いので、馴染みのあるビート感。いやいや、こちらが元祖である。

作詞家目線で言うと、祇園の「ギ」とか「ショウジャ」、「ショギョウ」、「ムジョウ」、と鼻濁音や拗音《ようおん》が続きますね。これによって、猛々しくて重い印象になっているわけだ。

さっきから度々出てくる「7・5調」とは、日本特有のビートだ。平家物語の時代は文字を書ける人がほとんどいなくて、耳で聞いて後世に伝えていくスタイルだった。平家物語は琵琶《びわ》法師が琵琶をべべーんと弾きながら吟じるという、新宿駅の路上ミュージシャン風だった。800年の間、伝承される度に原形から少しずつ変わっていったとはいうものの、この長い物語を覚えられたのは、7・5調がポイントだったのではないか。

先ほどの「おむすびころりん」のような昔話絵本も7・5で語られることが多く、数百年日本に根づいていることがわかる。万葉集、古今和歌集にはじまり、短歌、俳句、川柳、それからお相撲さんがよく歌っている相撲甚句《じんく》、高校で習った漢詩も、読みは7と5が基本でできている。

日本古来のリズムはプログレ

私は、この10年くらい、各地で詩の朗読をしてきた。時にコールアンドレスポンスをしたり、お客さんの中から選抜の「朗読合唱団」を作って、パート分けをして声を重ねたりね。歌うのは恥ずかしくても、朗読は老若男女みんな童心に戻って楽しめる。グロッケンや鍵盤ハーモニカなどの楽器も演奏しながら読むと、自然と言葉の抑揚が変わるし、同じところを何度もリフレインしたり、自由バンザイだ。

友人のミュージシャンの楽器と言葉でセッションすると、今度は脳みそが2つになりますから、自分ひとりでは予想できない方向へと意味が流れていく。音楽セッションの場合、「音が」予測できない方向へ流れていくことはあっても、「意味が」ということはなかった。ところが、音楽と朗読のセッションは意味さえも音に導かれて予測してないところへ流れていくのだ。私にとってこれは衝撃的なことだった。許されないことではないかとも思った。でも、別の場所へ行ったって、言葉はそこで凛《りん》と立っていた。それが言葉なんだと思った。

教科書の音読からはじまった世界が、突き詰めれば音楽以上に奥深い世界になっていた。身近でいて、なんとおもしろいのだろう。私を、「意味」という概念から解き放ってくれたのがこの朗読との出会いだった。

最近はポエットリーリーディングの界隈に混ぜていただくことも増えた。ラップとも演説とも演劇とも似ていていてまた違う一つのジャンルを確立している。ビート・ジェネレーションからの流れを引き継ぎつつ、最近また若者に人気がでている。

そうそう、それでね、自分の詩だけでなく様々な昔の詩人の詩も朗読するようになったんです。現代詩は別ですが、それ以前の詩の朗読をすると、この7・5調がとても多い。民謡や歌謡曲にもよくみられるし、なんなら私が無意識で書いている歌詞も、7・5になっていることがよくある。なぜ7と5なん？　というのを解き明かすためにまずちょっと、日本独特のリズムについて触れておきたいと思います。

数年前、岐阜県は郡上八幡《ぐじょうはちまん》の盆踊りに参加するため、事前に東京での練習に混ぜてもらった。ところが、なかなか踊りが覚えられなくて自分でもびっくりした。民謡独特の拍の取り方がわからない。4拍子で取っていたら、いつの間にか3拍子になったり、1拍とび出してまたもどったり、こりゃプログレじゃないか……。

Don't Think Feelということらしく、友人はだんだん踊れるようになってきた。私は、長らく吹奏楽やバンドといった洋楽にどっぷりだったから8ビートが染み込んでいて、馴染めないまま練習は終わった。まったくといっていいほど日本の古典音楽や民謡と現代のポップスはビート感が違っていた。洋楽は裏拍でビートを取るのに対し、盆踊りをはじめ日本のお囃子《はやし》は表で拍を取る、揉み手の世界だ。

郡上踊りはかなり曲数が多いのだが、特に四苦八苦した『春駒』は、歌の拍子と、お囃子（横笛や三味線）の拍子がずれて聴こえる。歌は2拍子で取るのに対し、お囃子や合いの手は、途中3拍子になったり、1拍少なかったり。歌詞のキメに対し踊りの頭がどうも辻褄《つじつま》が合わなくなる。最初は踊れても、繰り返すうちに1でなく3拍目に踊りの頭がきたり、キメじゃないとこで手をタタンと叩くことになったり、どうもしっくりこない。

先日、30年ぶりに踊りで参加した地元の盆踊り大会もまさにこれ。歌詞のキメと踊りの拍頭がどんどんずれていく。昔は気にせずこの輪に馴染めていたのだが、やっぱり洋楽ビートにどっぷりと浸っていた時期が私のビート感を矯正していったんだろう。キメが合わないというのは、洋楽では致命的だが、盆踊りは歌詞に関係なく同じ踊りが繰り返される。キメなんて誰も欲してないのだ。人生が坦々と続いていくように、強拍《きょうはく》だろうが弱拍《じゃくはく》だろうが、踊りは続く。

郡上踊りは夏の間中、夕方から夜23時ころまで続く狂気的盆踊りなのだが、〝徹夜踊り〟といって、お盆の4日間は夕方から朝まで徹夜で踊る。老いも若きも、無茶するわ。しかも道々へ長い長い列になって、街をぐるりと囲むように練り踊るのだ。市中が終わることのないクラブだった。

　徳島の阿波踊りもすごいが、こちらは山奥で静かに踊り続けるときているのでますます狂気である。道端で疲れ切った人が寝ている。私は1日だけの参加だったが、みんな連日連夜踊っているのだ。トランス状態とはこのこと。あれだけ体に馴染まなかった拍子が、気持ちよくなってきた。浴衣が汗でびっしょりになるころ、拍を考えずとも勝手に体が動くようになっていた。

　郡上踊りをはじめ、日本全国、プログレなお囃子や民謡は多い。川越まつりの山車《だし》のお囃子は、それぞれの楽器の拍子の取り方が違っていて困惑した。それらは、アフリカに行ったときの土着のビート感にも似ていた。むやみにキメない、サビもない。こんこんと自分のビートが続いてゆく。それはまるで人生のように。

洋楽に慣らされた日本人が忘れているリズム

能を初めて見に行ったときも、演奏（お囃子）のキメのなさに驚いた。それぞれが縦横無尽にやっているように思えた。能は幻想の世界を表現する演目が多いが、本当に別世界に行ってしまいそう。能楽師・有松遼一さんの著書にこのように書かれている。

能には謡《うた》い手と、それを囃す囃子方《はやしかた》がいる。
たいていは、七五調の詞章一行に対して、八拍子の囃子一クサリ（楽譜単位）がここでこう打つという手組みが決まっている。謡の箇所によっては、謡と囃子の沿い方が一様ではないところがある。それを「見計らいのアシライ」という。見計らう、つまり見当をつけながらそのつど考える、見繕う、状況をよく斟《しん》酌《しゃく》するということである。
謡の詞章のこの部分に、この掛け声や打音を、というのが一通りに決まっておらず、囃子からいえば、打つ手単位は決まっているものの、どのようなノリ・テンポで奏し、揺いに沿わせていくかは現場に委ねられている。

［有松遼一『舞台のかすみが晴れるころ』（ちいさいミシマ社）］

指揮者がいない世界は私がやっていたバンドも同じだが、多くの場合ビートがあるし指揮者の役目をドラムが担っている。能は呼吸と見計らいが大切だという。身体感覚や勘が研ぎ澄まされていないとできないことは言うまでもない。

さらに、流儀や地域によって演りようがかなり違っているそうで、「関東は江戸前風、カラッとサラサラ」していて、「関西は濃厚、じっくりこっくりしている」そうだ。

方言と同じように、歌や踊りにも地域性があるのは当然のこと。どれも風土や気候、歴史といった生ものと共に成長し、それぞれに引き合い絡まり合いながら今にいたっているのだから。

徳島の伝統芸能である人形浄瑠璃でドラムと脚本・朗読を担当していたとき、公演当日、「三番叟《さんばそう》」という演目を急遽《きゅうきょ》、やることになった。三番叟は能の舞の一つが元だが、今はさまざまな芸能で演じられる祝いの舞だ。徳島では近年まで人形遣いが家々をまわって人形を踊らせながら、この三番叟を舞ってくれたという。そして、お祓《はら》いのようなことをしてくれていたそうだ。

その三番叟のビートが、何回聞いてもわからない。前記の通り、強拍（キメ）の入るタイミングが、西洋のロックやポップスとは全く違うのだった。そもそも、小節とか、何拍子という概念がないわけです。私は青ざめた。ロックならポップスなら即興でも叩けるが、なにこの日本のビート！　同じくピアノ担当の子と「やばいねこれ……」と、リハーサル後もずっと練習して、なんとか乗りきったのだった。

アフリカのビートに馴染むのにも時間がかかったが、日本の伝統芸能や祭りに触れるたび、自国のビート感に馴染めないことに情けなさを覚えた。だって、どこでも習わなかったし、出会うこともなかった。ピアノを3歳でやる前に、私は雅楽《ががく》や古典音楽を学びたかったよ。

生まれてこのかた私たちは洋楽主流の世界で生きてきたということなのだ。カフェも、スーパーや服屋さんも、雅楽やお囃子のかかっている場所はない。西洋音楽が入る以前の日本のビートは日常の音楽の中からはほとんど消えてしまっている。戦前の日本はどんなリズムで、間合いで生活していたのだろう。

先日、あら、どこかで盆踊りかな？　と思っていたら「いしゃ〜きいも〜　や〜きいも〜」と焼き芋屋さんの口上だった。それが、あまりに素晴らしい声と間合いで、うっとりしたのだった。「とーふー　とーふー」も、まだときどき来ますね。

愛媛の地元では、車のスピーカーから「おさかないかがっすかぁ〜」と連呼するおっちゃんが週2回来る。私が赤ちゃんの頃から聞いている子守唄……と言いたいところだが、やっと眠った赤ちゃんが泣き出すという魔の15時半である。魚はぴかいちにおいしい。今、妹の赤子も必ず泣き出している。そういった視点で街を歩くと私たちの周りにはまだ日本的なリズムは残っているのかもしれない。

雅楽の音と「日本人の気質」

『越天楽今様《えてんらくいまよう》』って聞いたことあるでしょうか?

「春の　やよいの　あけぼのに」

という謡を聴いたら、あれか!　と思うでしょう。一番有名な雅楽の曲です。

雅楽は1200年の歴史を持つ日本の古典音楽で、能や歌舞伎よりも古い歴史があるそうだ。朝鮮半島や中国大陸より、飛鳥時代~平安時代に楽器や音楽、舞が伝えられ、そこに日本に古来あった舞楽や平安時代に作られた歌曲も加え、日本独自の雅楽になった。701年頃からは宮廷で行われる儀式の音楽を担った。

『越天楽今様』は、平安末期に作られた日本初の歌謡曲といわれている。越天楽というメロディの定形に、今様という、いわばその時代の流行歌（和歌）をのせて謡った。その歌詞が、僧侶の慈円の和歌「四季歌」。昔は「歌」とは「和歌」のことで、メロディがなかったんですね。踊りもあったけれど、今は曲だけが残っています。流行歌って800年前もあったんだなということに親しみを感じる。それを演奏するのは龍笛《りゅうてき》、篳篥《ひちりき》、笙《しょう》、箏《そう》、琵琶、鞨鼓《かっこ》、鉦鼓《しょうこ》、楽太鼓《がくだいこ》からなる日本最古のオーケストラだ。

小学5年生のときだったかな、音楽の授業で、たった1回だけ雅楽があり、『越天楽今様』を聴いて衝撃を受けた。自分たちのルーツがこのはんなりした、曖昧で、気だるく、抑揚のない、こっちなのだということに心底驚いた（2002年度以降は中学校の音楽の授業で雅楽を教えることが義務化されている）。その雰囲気を、私はダサいではなく、むちゃくちゃかっこいいやんと思った。もっと勉強したいと思ったが、CDを聴くその1時間だけで終わった。

その後、大学で音楽教諭の免許を取るために授業で雅楽を勉強した。雅楽の音律は、私たちが学校やピアノ教室で習ってきた、ド、ド#、レ、レ#、ミ……と1オクターブを均等に12音に分けた12音律とは微妙に違う。12音に分けられているまでは同じだけど、「三分損益法《さんぶんそんえき》」という中国伝来の方法で、西洋のように均等ではなく音の響きを重視する純正律《じゅんせいりつ》を使う。楽器によって響きの良いところが違うからだ。一番いい音がするところが、その楽器の根音《こんおん》になるということなのだと思います。

笙や篳篥も吹かせてもらったけど、西洋の楽器とはそもそも目的が違うんだなと思った。一つの音を吹いてもさまざまな倍音（他の音）が出る、なんともいえぬ奥ゆかしい音。目立つための音楽でなく、捧《ささ》げている。微妙さ、曖昧さの色気を感じる。雅楽は静かに始まり、静かに終わるというのも特徴的で、洋楽のように何人かが一緒に演奏を始めることがない。曲の終わりも一斉に演奏をやめるのでなく、順番が決まっていて静かに終わる。

龍笛は空を舞う龍の鳴き声を表しているそうだ。笙は天を、龍笛は空を、篳篥は地（人）を表し、その3つの音で宇宙を表現しているという。なんかもう、陰陽師な世界なわけです。盆踊りや能にも言えるけれど、どれも願いや祈りの音楽であり、アニミズムや森羅万象を感じるのだ。

雅楽はその余白が美しい。割り切れぬ調律方法からも読み取れるように、白黒はっきりさせすぎない良さがある。それは日本人の気質そのものではないか。すぐ「行けたら行きます」と返してしまう私の釈然としない態度は、雅楽を聞いていると、ああそれもよきかなと思わせてくれる。

曲の構成の考え方に「序破急」というのがある。ん？　このタイトルどこかで……エヴァンゲリオンや！　エヴァの3部作、10年くらい前に盛り上がりました。雅楽では、序は非常にゆっくりとしたテンポで、破は少し速くなり、急はもっと速くなる。なるほど『序』『破』『急』、庵野さんも雅楽を元に作っているんだねえ。

雅楽は宮廷音楽ではあるけれど、日本人のバックボーンに流れているリズム。我々の文化のルーツはこういうところからも来ているんだ。

演歌はなぜみな同じ曲に聞こえるか

話を戻しましょう。「なぜ7・5なのか？」についてでした。諸説の中で一番しっくりくるのが、井上ひさしの『私家版　日本語文法』に書かれている「2n＋1」説。日本語は「山」「川」「父」「夢」などの2音の単語が多い。その前で形容する言葉は「うつくしい」とか「きよらかな」とか、5音が多い。それをつなげて7になる、ということらしい。

さらに、2音＋「が」「は」「を」などの「助詞＋2音」という構成が多く、それが5音を作っているという。

『越天楽今様』の歌でみてみよう。

春の　やよいの　あけぼのに
四方《よも》のやまべを　みわたせば
花盛りかも　しら雲の
かからぬ峰こそ　なかりけれ

見事に7・5で、たまに外す8がいかしてる。街中に流れる音楽からは日本的なビートは消えてしまっているけれど、**言葉に潜むビートは消えていないのだ。**

7・5調は短歌、俳句、民謡や標語、歌謡曲にも多くみられます。これ、ほぼ越天楽今様と音階やメロディも同じやんという民謡もたくさんある。

たとえば祝の席でいまだに歌われる『黒田節』。

酒は飲め飲め　飲むならば
日《ひ》の本《もと》一の　この槍を
飲みとるほどに　飲むならば

これぞまことの　黒田武士

これは、戦国武将の母里太兵衛《もりたへえ》が福島正則に酒を勧められても一向に飲まないので、飲んだら褒美を取らせるということで、ひと悶着のあと、飲み干して名槍をもらったという話が元になった祝い唄ですが、見事な7・5調。そして越天楽にそっくりの旋律なんです。平安がここにも残っているんですね。

実は昭和の歌謡曲や演歌も7・5ベースの曲は多い。
たとえば坂本九さんの『明日があるさ』は、

明日があるさ　明日がある
若い僕には　夢がある

と綺麗な7・5。
7・7・7・7と続くものもよく見かける。子どもの頃祖父がよく歌っていた小柳ルミ子さんの『瀬戸の花嫁』は、「瀬戸は日暮れて　夕波小波　あなたの島へ　お嫁にゆくの」と7が続く。美空ひばりさんの『愛燦燦《さんさん》』も7の法則でできています。

雨　潸々《さんさん》と　この身に落ちて
わずかばかりの運の悪さを　恨んだりして

演歌をはじめ、昭和の名曲の多くが7・5調を変化させたものだった。その多くは、当時は詩を先に書いて後で曲がつく**詞先《しせん》**が主流だったからだ。

子どもの頃、カラオケセットを出して熱唱する祖父母を見ながら、演歌ってどれも同じ曲に聴こえるなと思っていたが、リアルに定形があったのだ。同時代を生きた作詞家の阿久悠は、その7・5調に抗うように、あえて4とか3のリズムで作ったと著書『作詞入門』の中で書いている。

さらに、8・5調というのもあって、それが、わらべうたとか童謡に多い。『なべなべそこぬけ』などのわらべうたの、ほの暗さや湿度感。また8・5（7・5）調を崩さない朗読に近いぺったりした曲調。

夕やけ小やけの　赤とんぼ

負われて見たのは　いつの日か

でんでん虫々　かたつむり
お前のあたまはどこにある

どんぐりころころ　ドンブリコ
お池にはまって　さあ大変

みなさん、知っているものばかりだと思う。分解すると、4＋4で8のリズムになっているのがわかるでしょうか。子どもが親しみやすくするために助詞が省略されていることも多いから、こういうリズムになったのだろう。

米津玄師の曲が「懐かしい」のはどうしてか

この童謡や民謡によく使われるのが五音音階だ。通常のドレミファソラシドの7音から、2音抜いてある。よく知られるところだと、ヨナ抜き音階は4番目のファと7番目のシがないドレミソラの5音階。沖縄の音楽でよく使われる琉球音階のドミファソシ。また、民謡音階（琉球音階を短調にしたもの）などで、THE BOOMの『島唄』とか、夏川りみの『涙《なだ》そうそう』、森山直太朗の『夏の終わり』もそうです。

いま並べた曲からしても、日本的な音階だと思う方も多いと思うんだけど、五音音階は日本だけでなくスコットランドやアメリカの民謡（カントリー）でもよく使われている。ギターを弾く人にはペンタトニックと言ったほうが伝わりやすいでしょうね。ペンタとは5のことです。

スコットランド民謡の『オールド・ラング・ザイン』が明治時代に日本に渡り、歌詞を日本用につけかえ『蛍の光』として歌われるようになったという有名な話がありますが、実はこの五音音階が広く日本に広まったのは明治以降だ。

祖父は晩年、尋常小学校の唱歌《しょうか》の教科書を通販で揃えて毎晩歌っていた。実は、唱歌が初めて海を渡り、大衆に広まった洋楽なのだ。

文部省（現：文部科学省）ができたのが開国後まもない明治4（1871）年、学制が頒布されたのは翌明治5年（1872）のこと。小学校の教科に「唱歌」、つまり音楽の授業ができた。とはいえ、ずっと鎖国していたのだから、三味線や琴ならまだしも、ピアノを弾いたり楽譜を読める教師がいるわけないよねえ。実際はどこの学校でも唱歌は行なわれなかったみたい。その後、明治8年から数年間、伊沢修二がアメリカに留学して音楽教育について学び、日本に持ち帰る。

こうして、明治14年に『小学唱歌集』ができる。でも、祖父の教材を見ても伴奏はなく、単音の形だ。和声を普及させる力がまだなく、小歌《こうた》だけに限られ、洋楽の複雑な形式を理解させるところには至らなかったようだ。

とはいえこれはすごい功績で、小学校の教材やのに中学でも、女学校でも、教員の師範学校でも、市井の人々も、猫も杓子《しゃくし》もみんな唱歌を歌うようになった。きました唱歌ブーム!! 洋楽が全く鑑賞されていなかった明治初期に、洋楽のリズムや音階がきた日本! ビートルズより前に洋楽ブームはあったんだ。どんだけ沸いたんだろうなあ。『蝶々』や『蛍の光』『あおげば尊し』などは姪っ子たちもいまだに歌えるのだから、明治に日本に入ってきた唱歌の功績は大きい。

さて、『蛍の光』はスコットランド民謡、『蝶々』はドイツ民謡、『あおげば尊し』もアメリカの曲なんです。となると、訳詞を載せないといかんということですね。7・5調や8・5調がほとんどの日本で、『蝶々』は6・7・8・7。『あおげば尊し』は8・7。原曲の意味も残しつつ、四苦八苦しながら作詞したのだろうと思う。

続いて、『赤とんぼ』や『かたつむり』などの、童謡やわらべうたの多くは祖父が生まれた大正時代に作られている。この多くも五音音階で作られる。江戸時代までは、前述したような雅楽や能、歌舞伎などのアジアの影響を受けた音楽だったのが、開国以降は西洋音楽の流れになったので、まずは扱いやすい五音音階を取り入れたのだろう。日清戦争以降、今度は軍歌を歌うことになるが、これもやはり5音なのだ。

この五音音階に懐かしさを感じるのは、きっとどの国の人も同じなんだろう。単純に口ずさみやすいし覚えやすいもの。7音という高度な音楽が浸透するまでは、世界中みんな5だったのでしょう。

五音音階を使った洋楽で真っ先に思い出すのは、レニー・クラヴィッツの『Rock and Roll is Dead』の頭のリフ。ペンタトニックは弦の押さえやすさもあります。現代のポップスでも実は多いのです。キリンジ『エイリアンズ』や、くるり『言葉はさんかくこころは四角』、Perfume『レーザービーム』、星野源『恋』も五音音階です。他にも、米津玄師は『パプリカ』他たくさんの楽曲で五音音階を使っています。数ページ前に挙げた『明日があるさ』もそうですね。

共通して、覚えやすさ、歌いやすさがあり、ポップなのに懐かしさも感じる。日本独自の音階ではないにしても、100年以上愛されているのだから、〝日本的〟を感じるのは私だけではないはずだ。

先程紹介した、松任谷由実さんの『春よ、来い』もサビでは五音音階になり、さらにAメロは7・5調になる。この曲の「和」のイメージは、語感と音律、両方の見事な合わさりによるものだと思うのだ。

ということで、言葉だけを切り離して考えるなかれ。すべてが一つの穴の中から湧き出て、いろんな分野に分かれたのだ。

金子みすゞと中原中也と「7・5調」

さてここからは、声に出して読んでみて、美しい詩や文章を紹介します。

まずは、金子みすゞの「大漁」。彼女は、大正時代の童謡詩人で私が影響を受けた詩人だ。彼女の文体もまた8・5調や7・5調のものが多い。

朝やけ小やけだ　大漁だ
大ばいわしの　大漁だ。

はまは祭りの　ようだけど
海のなかでは　何万の
いわしのとむらい　するだろう。

『金子みすゞ童謡集　わたしと小鳥とすずと』（フレーベル館）

8・5調は、優しくて子どもにもわかりやすい響きをもたらすリズムだが、この「大漁」は、哀しい詩である。いつも逆の立場から世界を見る金子みすゞの詩は、平易な言葉で優しいからこそ、胸を刺す強さがある。

次は、同時代の詩人、中原中也の代表作「サーカス」から。

サーカス小屋は高い梁《はり》
　そこに一つのブランコだ
見えるともないブランコだ
頭倒《さか》さに手を垂れて
　汚れ木綿の屋蓋《ね》のもと

ゆぁーん　ゆよーん　ゆやゆよん

『中原中也詩集』（新潮文庫）より

終始7・5調で繰り返されて、突如、聞き慣れないオノマトペが出てくる。空中ブランコの揺れるさまを、こんな音で表現するなんて。これは、声に出さずにはいられない。有名な「汚れつちまった悲しみに」も7・5や8・5になっている。彼の他の作品は7・5になっていないものが多いが、教科書に載っているような多くの人に知られている詩は7・5のリズムだ。やはり覚えやすさとか、馴染みがあるのだろう。

ちなみに、同じ童謡詩人のまど・みちおさんの有名な「ぞうさん」は、

ぞうさん　ぞうさん　お鼻が　長いのね

ではビートを崩し、

そうよ　母さんも　長いのよ

では ばっちり8・5になっている。こんな風に、定形から変化しながら現代に至るのだと思う。

「音のおもしろさ」と「意味のおもしろさ」

全然違ったリズムのものをいこう。谷川俊太郎さんの「かっぱ」という詩。

かっぱ　かっぱらった
かっぱ　らっぱ　かっぱらった
とってちってた

かっぱ　なっぱ　かった
かっぱ　なっぱ　いっぱかった
かって　きって　くった

［谷川俊太郎『ことばあそびうた』（福音館書店）より］

早口言葉ですよね。平家物語の「ぎおんしょうじゃ」の鼻濁音とは対極に、「かっぱ」とか「らっぱ」「なっぱ」「いっぱ」のように、促音といわれる小さい「っ」や、「。」の破裂音が多用されていて、そうするとすごく明るい印象になる。

「か」という音も、あ行、つまり母音が残り、これも印象を明るくしている。私も歌詞を書くとき、明るい印象にしたい曲は母音や破裂音を使う。

この「かっぱ」という詩は、早口言葉のおもしろさもある。是非、あなたも声に出して読んでみてください。音としておもしろいから、子どもたちはすぐ覚えて早口言葉をするそう。

では、「かっぱ」に漢字をあててみましょう。

かっぱ　かっぱらった
かっぱ　ラッパ　かっぱらった
トッテチッテタ

かっぱ　菜っ葉　買った

かっぱ　菜っ葉　一把　買った
買って　切って　食った

意味を気にしながらもう一度読んでみてください。読み方が変わったことに気づくと思います。カッパがラッパをかっぱらったり、菜っ葉を一把（ひとくくり）買って、切って食べている映像が思い浮かぶ。言葉には、音と意味、両方のおもしろさがある。

作詞をするとき、私はこうして**音と意味の両方がおもしろいものを目指します**。歌詞や詩は、論理に囚われていない言葉だと言える。辻褄があっていなくても、余白を音や曲が補ってくれるからだ。子ども時代、わらべうたと共に動作をともなう言葉遊びをよくしましたが、実のところほとんど歌詞の意味はわからなかった。

意味を飛び越えてしまっている言葉は日常生活にもたくさんある。たとえば挨拶だ。「おはよう」「こんにちは」「こんばんは」「いただきます」「あけましておめでとう」などは、意味が省かれ、音だけが残っている言葉だ。「お早いお着きでございます」「今日《こんにち》は良い天気ですね」「今晩はええ月ですね」そんな文が明治に入ってコンパクトになったところから始まったとされている。意味がわかると音も違って聞こえるし、発する時の気持ちも変わってくる。

人間関係はリズムでできている

人とのコミュニケーションそのものが、リズムだ。

しゃべり言葉は、表情が見えるから、体調が悪いんだなとか、怒っているんだなとか、緊張しているんだななど、言葉の意味以上の情報が入ってくる。その一方で、メールだと平気なのに、会って話したら喧嘩《けんか》になりやすいという人もいるはず。握手するように、ハグするように、目と目を合わせて会話することで、相手の温度がわかってしまう良さと危うさ。

なかなか進まなかった商談が実際に会うと1日でまとまることもある。許すはずなかったのに、たったひと言の「ごめんね」で許してしまう魔法だってある。その逆もしかりだ。交わしている言葉を越えた、人間同士の相性や感情があるからだ。

メールでは良かったのに会ったとたんに恋が冷めるのは、声や会話の間合い、しゃべり方で、いろいろな情報を得られてしまうからだろう。普段会話しなくても、ミュージシャンは楽器でセッションしてわかり合えるのとも近いかもしれない。

私の場合、書き言葉＜会話＜音、の順で、動物的な勘や第六感のようなものが研ぎ澄まされる。ただ、相手とのキャッチボールが成り立たない状況では、どんな言葉も届かない。小学校の教科書には1年時から、「話す」「書く」と同時に「聞く」の項目がたくさん出てくる。書店でビジネス書の棚をのぞいたら、「話す力」の本より「聞く力」のほうが多いことにも驚いた。ご時世やなぁ。たしかに、1年生の甥っ子は、人の話なんて聞かずにずっとしゃべっとるなあ。まだ「聞く」という分野が成長してないのでしょう。

小学1年生の国語の教科書にある「ともだちに、きいて みよう」では、友達から今一番楽しいことを聞いて、それをみんなに発表するという単元がある。さらに5年生の「きいて、きいて、きいてみよう」では、3人で役割を交代しながら「きく」活動をする。

- **インタビューをするときの「きく」**
- **インタビューをされるときの「きく」**

・記録を取るときの「きく」
・報告を聞くときの「きく」

の4つ。なるほど、「きく」にもさまざまな役割があるのだ。日常生活にもいろいろな「きく」があり、私たちは自然とその使い分けができている。いやあ、大人もできてないことも多いように思うけどなあ。人と話していると、いつの間にか話題が全部その人のものにすり替わっていたり、逆に気づけば私ばっかりしゃべっていることもある。ああ、しゃべりすぎたと思ったり、これ聞けばよかったなとか、相手は楽しかったかなとか、帰ってから後悔することばかり。

そう、会話はとても疲れる。相手を気遣えば気遣うほど。だから、ついついメールで終わらせちゃうし、深く話せなくなる。

5年生の教科書には「伝わる表現を選ぼう」という章もある。こんな内容だ。

クラスメイトの作品を「独特だね」と褒めたところ、相手は「変かな」と受け取ってしまう。そして、

「言葉は、自分が思ったとおりの意味のまま、相手が受け取るとは限りません」

と書かれている。私はぎょっとする。いや、たしかにこれ要注意なんですよ。特に、あまり知らない相手とのコミュニケーションというのは余程気をつけないといかん。

甥と姪に借りた国語の教科書は全体的に、私たちの頃よりも、コミュニケーションの取り方について学ぶページが多くなっていた。SNSの普及もあって、言葉によるコミュニケーションが難解になってきていることの表れかもしれない。

「言葉にする前に、「自分ならどう感じるか」を、少し立ち止まって考えてみるとよいでしょう」

とも書かれていた。そうです、それが会話の基本ですよね。誰かと繋がるためのツールである言語によって、逆に距離が生まれてしまうこともある。知らぬ間に傷つけていることもある。私たちも注意したいところだ。

でもね、

空気を読みすぎる風潮もあるのではないか。現代の何だか閉鎖的で重苦しい感じって、相手との調和を重んじるあまり起こっている気がする。場の流れを壊すことの怖さや煩わしさを思うと、言いたいことを言えない、言わない、ましてや自分のリズムなんて出せない、といった悪循環になっていく。しんどいから、人に会うのやめとこ、って。

相手を気遣うっていう思い以上に、これを言って嫌われないかな、変だと思われないかなという心理が働いている気がするのだ。そうして、面と向かっては言わずにSNSに書き込んで晒《さら》しものにするような事も見受けられる。

その気持ちもわかるのだけれど、雅楽のようなはんなりとした塩梅を持つこともええと思うのよ。ちなみにこの「塩梅」は雅楽から派生した言葉。篳篥が同じ指使いでも、

でも、

リードの咥《くわ》え方や吹き込む息の強弱によって音を変化させる「えんばい」から来ている。

曖昧さも日本語の魅力の一つ。その中で、時には自分の音を出し、他の人たちと宇宙を描くことは可能だと思うのだ。

「いい音がする文章」

私の好きな

column 2

エッセイストの音

私の好きないい音がする文章。今回は、エッセイです。

エッセイは、もはや、その人の体内の流れみたいのが透けて見える。私は、小説を書くときは小説モードにギアを切り替えて書くから、方言も会話以外では出てこないけども、エッセイはほとんど自分の日記というか、友達に話してる感じで書いているなあと思う。

松尾スズキさんの『東京の夫婦』というエッセイ集を、誕生日に友人にいただいた。「絶対好きだと思うから」と。松尾スズキと言えば、大人計画の旗揚げをされた方。舞台や映画の脚本に小説も書かれるし、ご自身も役者さんであり、演出家でもあり。好きです。話のテンポが最高に気持ちよくて、笑いながら読みました。


祭りが始まると、まず、道端にテントのようなものが立つ。

そこに、オヤジたちがなんとなくいて、缶ビールなんかを飲みながら立ち話をしている。

あれは、なんだ？ 僕は、どんな努力をすれば、あのテントの中でグダグダ立ち話ができるのだ？ 神輿《みこし》を担ぐことには消極的だが、せめて、テントの中で酒が飲んでみたい。

僕は、焦がれるように思うのだ。だって、彼らこそ真の大人、というふうに僕には見えるからだ。神輿を担いでいるようじゃまだ子供。あそこで「町中の人間と知り合いだよ」みたいな顔をしてグダグダ飲めてこそ真の大人の祭りの姿なのだ。


松尾スズキ『東京の夫婦』（マガジンハウス）より

「テントのようなもの」とか、「缶ビールなんかを」、「オヤジたちがなんとなくいて」、「グダグダ」みたいな、あえて入れている曖昧感が、あるのとないのではまったく違うビートになるだろう。フリースタイルなゆるいビートを奏でているように見えるが、これはやれそうで、やれない。酔拳に近い。それでいて、実はご近所付き合いという、けっこうまじめなことを書いている。

ゆるくはじまった話が、芯を食っていたりするのが、エッセイで一番かっけーなあ。同じ景色であっても、何を見ているかはそれぞれで、私も以前、神輿を担いでみた話を書いたことがあった。しかし、祭り＝神輿の視点では普通なのです。道端のテントの、あのダウナーなかっこよさを、何でもない風に書き切っている凄《すご》さなんよ。

そして、文豪チームに入れてもよかった、向田邦子のエッセイです。脚本や小説はもちろんのこと、彼女の私生活も含めたエッセイの人間味あふれたリズム、温度感が好きだ。すぐにその光景が目に浮かぶ。飼い犬について書かれた「犬の銀行」からどうぞ。

向田鉄。

こう書くと、まるで私の弟みたいだが、レッキとした犬の名前である。

甲斐《かい》狛《いこま》と呼ばれる中型の日本犬で、美しい栗色の毛並をしていた。二十代の中頃、ほんの十ヵ月ばかりの短いつきあいだったが、この犬は私にいろいろなことを教えてくれた。

貰われてきた時は、コッペパンぐらいの仔犬《こいぬ》だった。

うち中が、まわりに集まって可愛いい、可愛いいと大騒ぎをしたのだが、仔犬の顔をのぞきこもうとすると、畳に腹這いにならなくては駄目である。よく顔が見えるようにと踏み台の上にのっけて、あっち向け、こっち向いて頂戴とやったら、びっくりして墜落し、前肢を脱臼してしまった。

セーターの下に抱いて、獣医さんところへ飛んでいった。

「名前は」

と聞かれたので、

「向田鉄です」

と答えたら、初老の先生は、フフと笑って、

「苗字《みょうじ》があるのか。凄いねえ」

といわれた。

［向田邦子『作家と犬』（平凡社）より］

冒頭から、なんと自然で美しい流れだろうと思った。コッペパンぐらいの仔犬、もうたまらない。病院での会話に無駄がなくて、小説のようだ。犬に苗字をつけてやろうという、発想。そうか、この慈愛のようなものが向田さんのエッセイからも小説からも香ってくるんだ。文章はその人そのものだと言っても過言ではない。いくら、標準語に整えても、夏目漱石を模写しようとも、紡がれる物語、名前や比喩は作者から生まれたものだ。同じ言語を用いても、香りは変わってくる。

次はミュージシャンＣｏｃｃｏの写真エッセイの中から。

私は花が好きです。
旅をすると花を探します。

東京の桜に泣いた日のこと、
椿《つばき》の潔さ、
美しい藤棚に息を呑《の》んだこと、
たわわに踊る小手毬《こでまり》
デルフィニウムの危うい蒼《あお》
風に揺れるクロタネソウ
真っ白なサマーローズ
濡れるような蓮
ひまわりの眩しさ

瞬きひとつの間に
季節は駆け抜けて
次に出会う花たちは
どこで私を待つのでしょう

［Ｃｏｃｃｏ『想い事。』（幻冬舎文庫）より］

歌を歌ってきたＣｏｃｃｏならではの、心にすーっと入ってくるリズミカルで詩のような文章。花の名をたたみかけているところは、まさに歌詞のような美しさがある。声に出したとき、より文が生きるなあと思った。

第2章で触れた体言止めは、リズムを出すのにとても効果的です。Ｃｏｃｃｏも自然とそうしていて、でもずっと続けずに「〜のこと」と入れたり「ひまわりの眩しさ」というように、体言止めのなかに通常の文も入れている。きっと自然に書かれていると思うんだけれど、自分のリズムを持っていて素敵だ。

エッセイは簡単そうに思えて、難しいのです。最も難しいかもしれない。日常着をさらりと着こなすように。毎日キッチンに立ち、うちの味をささっと作るように。大げさにならずに、でも、私の一皿を出したい。読むほうも、リラックスしつつ、そこに自分とは別の人の別の視点を探しているのだと思うから、やっぱり私の一皿召し上がれといきたい。

エッセイで大事なのは、書きすぎないということでしょう。体験したすべてを書きたくなってしまうけど、削る勇気を持ちたい。

それは歌詞だって小説だってそうだけれど、エッセイは体験している分だけ、体に染み込んでいますから。簡単そうでいて、どこを、何を書くのかという選択は難しいなあと、作家生活が長くなってわかってきたことです。ちょっと、独り言でした。

第3章

自分の音を鳴らすということ

あなたは
どんな音のするところで
育ちましたか？

山、海、都会、方言の有無でも違うでしょうね。人それぞれ育った環境や性格が、その人の音に影響してきたでしょう。けれども、その個性は、学校の国語の授業で平均化されていったとも言えます。

一旦はなくした個性を取り戻す方法ってあるのでしょうか？　自分の音のルーツを思い起こしながら読んでみてください。

国語教育のちょっと怖いところ

今回の本を書くために、小学校の国語の教科書を積み上げていたら夫が、

「うわあ、久々に教科書見た。表紙見ただけでぞっとするな」

と、言った。

「国語の教科書、嫌いだった？」

「うん、すごく嫌だった。やたら音読を強制されたり、登場人物の気持ちを考えろって言われたり。好きな本を好きに読ませてくれよって思ってた」

なるほど……。夫は読書家で、私なんかよりも、ずっとたくさんの本を読んできている。読書好きと国語好きとは別物なんだろう。

私は夫とは逆で、新学期の頭に教科書をもらったら、待ちきれなくてその日のうちに最後まで読んでしまう子どもだった。音読も好きだった。主人公の気持ちなんてわからん、というのもまあその通りなんだけど、授業だったからこそ立ち止まって考え、深まったこともあったと思う。

けれど、楽しかったのは小中学生のうちだけで、受験の国語となるとまた全然違う脳

みそを作動させねばならなかった。いつしかリズムなど度外視で、論理のみを追求するフェーズに入らされていたのだ。

このところ、自分の書いたエッセイや小説が入試問題になることが増えた。毎回、家に届いた問題を解いてみるのだが……選択肢の中に、主人公の今の気持ちぴったりのものはなかった。作者が試験問題解けないってよくあるそうで。どれも、あってるようで微妙に違うんよなあ。そうか、作った私が彼らの本心をわかっていないのだと思った。

人間の心を言い当てることはできない。それで○×をつけるのはけっこう無理のあることだ。自分が小説を書くとき、そこまで論理的に書いていない。かなりニュアンスと余白を多めにしている。わからんなあ……しまいには、間違ってしまった。

友人にその話をして、解いてもらうと、すいすいと解いていた。

「この設問の場合は、この答えが正しいんでしょうね」と言う。なるほど、作者というのを一旦忘れて、受験生目線で解くとそうやな。私は受験問題でも国語は得意だったから、学生時代はこういうことはあまりなかった。違和感なく解けていたのだ。自分のリズムを手に入れた今、久々にこういう世界に触れて困惑した。試験用の国語は個々のリズムなど必要とされない論理の塊だった。私は、学校の授業によって大事な何かが削ぎ落とされていたのかもしれない。

ある日、甥っ子が修学旅行の作文を見せてくれた。私は「上手く書けとるねえ」と褒めたんだけど、ここだけの話、かっちり硬めの作文だったのだ。先に言いたいことを「僕が一番思い出に残ったのは○○です」みたいに書いて、「なぜそう思ったかというと」と展開し、「はじめに」「次に」「最後に」などと順を追って説明をしていく。きっと、国語の授業で論文風の書き方を習ったあとだったのだろう。

理科の実験の手順とか、会社の報告書ならいいけど、修学旅行の思い出なら、もう少し抒情《じょじょう》的でもいいんじゃないかしら。

夫の言うとおり、**国語の授業の恐ろしいところは、一旦はその書き方にみんな染まってしまうということだ。**小学4年になった姪っ子も、論文風な作文を書き始めて、おお……と思ったのだった。

自由っぽい人生を送ってきた私にも、もれなくそんな時期はあった。「起承転結」について習ったのは小学4年か5年だったが、それ以降、私は〝ちゃんちゃん♪〟で終わらせるのが得意になった。

中学2年のときに、「君の作文はとてもおもしろいけど、最後をむりやり上手くまとめる節があるね」と国語の先生に言われたことは根にもっている。そう教えたのは誰じゃ！　と言いたかった。まじめな子っちゅうのは、なかなか崩せないのだ。高校の小論文でも、やたら整った文章が書けるようになって、この頃の私の文章は今よりもっと甥や姪のように枠に収まった、おもしろくないものだった。

なぜ「自分のリズム」を見失ってしまうのか？

私はいつこの秩序から解き放たれ、自分のリズムを持てるようになったのだろう。

一つは、いろいろな本を読んで、**自分が好きだなと思うリズムを先人たちの作品から見つけ出したこと**が大きかったと思う。私のエッセイや小説にはよくリフレインが出てくる。「いきなり歌詞みたいになる」と言われる。また、小説では編集さんに「説明不足だ」と言われたこともある。私が学生時代からよく読んだのが詩集だったので、その影響はあるのかもしれない。

そして、ドラムを叩いていたこと。叩いていただけでなく、ドラムフレーズを自分で生み出していたことは、かなり影響しているだろう。頭の中のイメージが、ドラムフレーズになるのか、言葉になるのか、自分の中ではさほど違いはないのだ。すべてこの体から出ている。ドラムも文も実はどちらも音なのだ。どちらも、ここまで積み重なった人生のリズムそのものなんだと思う。

学校で国語を学び、リズムは一旦、矯正されて平坦になるけれど、それでも滲み出るものは必ずある。句読点の数、一文の長短、オノマトペ、文末のしまいかた……単純に、それだけでもリズムは違ってくる。さらに、もっと潜在的なところだと、生活習慣とか、育った地域性や家族との関わり、今の職場での立ち位置、そして性格によるところも大きいだろう。

「リズム楽器をやっていたから、文章も独特のリズムがあるね」と言われることがある。でもきっと、楽器をしていなくても、一人ひとり、歩き方や話し方が違うように、文章にもそれぞれの個性……というか癖がある。

私の言葉の記憶を遡りながら、どうやって自分の音を取り戻したのかを検証してみたい。

音は遊びと同時に始まっている。幼い頃、祖父と鳥の鳴くのを真似て遊んでいた。覚えているのはホトトギスの鳴き真似で、

「てっぺんかけたか　てっぺんかけたか」

ふくろうは、

「ごろすけほーほーくーくー」

朝に夕に、鳥が鳴き始めると、祖父が幼い私をおんぶして、鳴き真似に言葉のゴロを合わせて遊んでくれた。いまだにホトトギスのさえずりは「てっぺんかけたか」に聞こえる。1羽が鳴いているところにカッコーとか他の鳥が入ると、しばらくは2羽がぴったりの拍子でセッションしているけれど、だんだんと崩れてポリリズムのようになっていくので、子ども心に「あーもったいないないなあ」と思った。そういう偶発的に生まれる、自然の奏でる音が、私のリズムの原点だ。

東京にも、あの「てっぺんかけたか」も「ごろすけほーほー」もいらっしゃる。庭木が2階のベランダよりも高く生長し、この頃はさまざまな都会の鳥たちが休憩をしにやってきて、口々に会話している。地元では、森や山で鳴いているのを聴いていたから、逆にこんなに近くで聴くことはなかった。小さな体で、ようそんな大声が出せるなあと感心する。

歌の起源は、まさに、鳥の声とか雨だれとか自然音を口真似するところからだそうだ。なるほど、私もそこからなのか。当時、あまり情報の入ってこなかった田舎で、祖父母と同居暮らしをしていたのもあり、自然と昔の遊びをしていたんだなぁ。

何拍子ともわからない鳥の鳴き声。不規則に雨だれが外のバケツに当たる音、布団をぱんぱんと叩く音にネギを刻む音が混ざり、そこに田植え機が通っていく。蛙や鈴虫の大合唱。それから方言だって立派な土着のリズムだ。そういうものが私のドラムフレーズや文章の基礎になっている。

その次に私の体に入ったリズムは、盆踊りや、秋祭りのお囃子だった。お盆の数週間前になると車2台止めればいっぱいの集会所の前の小さな土地に櫓《やぐら》が組まれ、和太鼓が出て練習が始まった。夕飯のあと、母に手を引かれ姉妹たちと踊りの稽古にでかける。祖父たちが交互に和太鼓を叩き、防災無線用のスピーカーから民謡が流れる。60軒ほどの小さな集落からゆるゆると人が集まって、道路まではみ出し、輪になって踊る。

前のおばさんの真似をしながら、私も見様見真似で踊る。「月が出た出た月がァ出たーァ　ヨイヨイ」「チョイトサノサッサ　土居音頭でソレ　チョイト　サッサ」現代の歌謡曲ではまず出てこないオノマトペの中で、浴衣を着てよいしょこらしょと踊った。

高校に行くころにはその盆踊りはなくなって、中心地で開かれる大きな盆踊り大会だけになった。うちの地域から車で踊りに行く人はほとんどいなかった。上手かろうが下手だろうが、誰も彼もが一緒になって踊る慣習はなかなかよいものだったなと思う。

また、私の町では太鼓台というめちゃくちゃ大きな山車をかつぎあげる秋祭りがある。男性たちはその日のために生きていると言ってもいいほどに、3日間祭りに明け暮れた。親戚の子どもを、高い高いするとき、示し合わせたようにみんな「そーりゃっ　そーりゃー」とか「ちょーいせーじゃー」と言う。吹き出してしまうほど大真面目に。

この、いったいどこから生まれたんだろうという祭りの掛け声や、盆踊り歌の合いの手は、歌としゃべり言葉の間の、なんともいえないリズムがある。それらは、鳥が「ごろすけほーほー」と鳴くように、動作とともに生まれ、意味ではなく音として何百年も残ってきた言葉なのだ。

この頃の私は、まだ自分のリズムの中にいた。

「文を書く」は「音を作る」と同じだった

やがて、幼稚園や小学校で習う拍子の決まった文明的音楽や、テレビ、母のかけてくれるレコードが入ることで、私のリズムはやや平均化されていったのかもしれない。3歳からピアノを習いだし、楽譜通りに演奏していたことも大きいだろうし、中学生から始めた吹奏楽もやはり楽譜があり、指揮者に合わせるという点では矯正された部分も大きかった。でも、団員全員で大きな揺れを作るという点では、メトロノームに合わせるのとはまったく違う、一体感とグルーヴがあった。先生はいつも「おたまじゃくしの奥にあるものを見つけろ」と言ってたな。あぁ、それこそが音楽の魂だ。ただ、中学生がなかなかそこに到達しないのもわかる。学校という場所できっちり枠に入った生活をしていたからだ。

ここで祖父の話もしちゃおう。祖父は音楽がとても好きな人だったけれど、戦中に青春期を過ごしているので軍歌以外の音楽を愛でることは許されない時代だった。祖父は60歳を超えてから見様見真似でピアノを弾きはじめた。私のピアノを、片手でぽつぽつと。楽譜が読めない祖父は尋常小学校の唱歌のカセットを全部通販で買い集め、耳コピしていた。晩年は小さなキーボードやアコーディオンも弾いた。少年期から大切にしているというハーモニカもよく吹いていた。

長男で農地を守らなければならなかった祖父は、時代からも農地からも解放されたなら、本当は音楽を勉強したかったと言っていた。私が童謡詩が好きなのは祖父の影響だ。バイエルが嫌であまりピアノを好きになれなかった私は、下手だけどいつも自由自在に自分の音を鳴らす祖父が羨ましかった。

私が自分の音を出せるようになったのは、大学で軽音楽部に入って、耳コピを知ってからだ。ピアノと吹奏楽で大事な基礎が培われた反面、「楽譜がないと不安」という時期は軽音楽部に入部後1年以上続いた。それは、国語の授業の影響で「定型に沿って書かないと不安」という感覚とも似ていた。

ただ、バンドでデビューするまで、多くのミュージシャンのアルバムやドラムプレイをそれほど熱心に聴いてこなかった。実家で母がビートルズをよく聴いていたので、ある程度は知っているけれど、ミュージシャンの中では聴いてないほうだろう。「音楽でやっていく人の知識量ではないだろう」と心配する先輩もたくさんいた。というか、デビュー自体に軽音部の同期や友達はみんな真剣に心配した。そのくらい、「東京、芸能界、女子バンド、デビュー」というワードは、危険な匂いだったし、私のバンドは当時のロックバンドと真逆の佇まいだった。私は金髪にしたこともないし、革ジャンも持ってないし、ライブハウスに入り浸ってもなかった。当時メジャーデビューするバンドは男子であって、女子はバンドルが主流だった。作詞作曲、編曲、演奏、すべてを自分でやる女性のメジャーバンドは同世代にはいなかった。

東京に行ってから苦労するに違いないと心配した友人は、「せめて今から洋楽を叩き込め」と、ダンボール2箱分の洋楽のアルバムを貸してくれた。とりあえずこれをiPodに入れて上京してからも聴け。有名どころを全部入れといたから、と。でも、そんな教則本みたいな聴き方してもちっともおもしろくない。私は作るほうがおもしろくて、半分も聴かずに返してしまった。

正直なところ、ドラムを叩くより、ドラムフレーズを作るほうが好きだった。私のドラミングは型破りなことも多いようで、それらは吹奏楽の打楽器が基礎になっているからかもしれない。打楽器は、シンバル、太鼓、大太鼓、タムタム、というように、ドラムならひとりですむところを数名で分担して演奏する。それらをまとめたのがドラムなので、打楽器こそがドラムの元祖なのだけれど。

吹奏楽上がりの私のドラミングは、変なアプローチがたくさんある。この〝吹奏楽上がり〟という響きは、ドラマーとしてはやや揶揄されている気がしていた。「吹奏楽上がりだから上手いね」とか「吹奏楽上がりだから基礎ができているね」と同業者に言われると、誇らしいよりもちょっと恥ずかしかった。ガリ勉だね、魂を感じないね、と言われているのにも近いかもしれない。でも、基礎あってこその魂やから、と思った。一旦は、ピアノや吹奏楽で私のリズムは矯正されたかもしれないけど、それを自由に使いこなせた瞬間、何倍にも世界が広がった。今いる道は必ず過去から繋がっていて、それがオリジナリティになるんやなと思った。

音楽として、ハーモニーやパラディドルなどの基礎を学んだのは吹奏楽部だったけれど、一番新鮮な先生は先述の鳥の声のような環境音だった。デビュー後、制作のときにスタッフさんから、引き出しの少なさを指摘されることはよくあった。アルバム制作前になると、「いろんな人のアルバムを聴いてフレーズの参考にしなさい」とCDを貸してくれたりもした。

でも、**それじゃあ一番煎じになる**じゃないかと思った。確かにライブの最後で、ぶわーってドラムがいかにもドラムらしく、ドカドカとタム回しをするのはカッコいいなと思い、私もまねてみた。でも、新曲制作において他のバンドのアルバムを直前に聴くと、とてもじゃないが、引っ張られてしまう。肥料も土に混ぜてすぐ苗を植えると、キツすぎて「あたる」ことがある。枯れてしまうのだ。同じで、**自分に**

混ぜた音楽は馴染むまで寝かせる時間が必要だ。

それっぽいものはできても、本当にぴったりな唯一無二のフレーズを探すこととは、むしろ、対極ではないかと思った。私は下手なわりに、生意気で天邪鬼《あまのじゃく》だった。そんなわけで、東京へ出てきてからは、意図的にしっちゃかめっちゃかな音を探した。次から次に新曲をリリースしなくちゃいけない環境だったからでもあるけれど。電車が2台すれ違うビートを「ドド　ドダドド　ドッド　ダダダダ」などとメモっていた。まだ誰も発見してない歌詞を書きたいのと同じで、まだ見つかってないフレーズを表現したかった。

『風吹けば恋』という曲のBメロや、『Last Love Letter』の頭部分、『ヒラヒラヒラク秘密ノ扉』なんかは、まさに電車のビートがヒントになって作られたドラムフレーズだ。

ただ、思いついても技術が追いつかず叩けないということがよくあり、叩けないときは、子どものころ鳥の真似をしていたように、まず口でそのリズムを反芻《はんすう》して体に染み込ませてから叩いた。歌えるようになると、必ず叩けるようになった。デビュー後は、いつも新しいリズムを探すことに血眼になっていた。

私にとって、ドラムパターンやフレーズを探すことは、歌詞を作るのに非常に似ている。ドラムフレーズを作るときは、「これ違うな」「これは弱いな」と、他のフレーズに置き換わらないかどうかをよくよく検証した。他のフレーズに置き換えられるなら自分の中ではダメで、置き換わらないところまで詰めていく。それは判断の訓練になっていたと思う。その、ストイックなフレーズ作りは、言葉のフレーズを作るのと同じだった。ちょうど同時期に、歌詞もどんどん作っていた。自分の音でドラムフレーズを作り、また自分の音で文章を書き出していた。きっと、相互作用であり相乗効果だったと思う。

そこらに転がっている言葉（音）の組み合わせで世界に一つのフレーズを作る。言葉と同じで、音も0からのクリエイトはほとんどない。言葉も音も、すでに何万通りもあるものだ。だけど、それを独自に調合して、誰も耳にしたことのないドラムフレーズや言葉の組み合わせを作りあげたとき、何にも代えがたい喜びがあった。

みんな知ってる言葉を組み合わせて
誰も知らないリズムを作るスピッツ

具体例を出すなら、スピッツの歌詞だ。『日曜日』という曲の頭、〈晴れた空だ日曜日〉までは何万回と使われてきた平凡な言葉だけど、次には〈戦車は二人をのせて〉とくる。耳を疑う。こんな組み合わせを、聴いたことなかった。

『桃』では〈永遠という〉のあとにくっつくのは〈戯言《たわごと》に溺れて〉だ。永遠の後にくるのはいつだって愛とか幸せだったはずなのに、心底パンクだと思った。これまでまったく疑うことのなかった言葉の定説が崩されていった。ぎょっとさせつつも、芯を食っている。『空も飛べるはず』の〈ゴミできらめく世界〉だなんて、言いたかったけど言ってはいけないと思いこんでいた。痛快で晴れ晴れとするのは、人間の真理だからだ。

スピッツについては『一生のお願い』(筑摩書房)という私の本にも書いていますが、語りはじめたら終わらない。とにかく、私は詩でもドラムフレーズでもそれをやりたかった。普通の言葉を、組み合わせによってぎょっとさせたかった。普通の顔してるやつが一番ヤバいんだぜっていうふうに。

井上ひさしが言ったとされる、あの言葉。

むずかしいことをやさしく、

やさしいことをふかく、
ふかいことをおもしろく、
おもしろいことをまじめに、
まじめなことをゆかいに、
そしてゆかいなことはあくまでゆかいに。

まさに、それなんだよなあ。すべての芸術にも言えることかもしれない。難しいことをシンプルにすることこそ奥深く、難しい。

ドラムでいうならば、初心者が最初に叩くであろう8ビートが本当は最も難しい。8ビートをぶれなく叩き続けながら自分の味を出せる人っていうのは、実は何分もソロが叩ける人だったりする。できるけどあえて何もせずに、美しい8ビートを奏でる説得力たるや。叩くではなく、もはや奏でるなのだ。

ピカソが実はデッサンがめちゃくちゃ上手いように、凄い人はみんな基礎があってのオリジナリティだった。10人のドラマーがそれぞれに8ビートを叩くと、全然違うことに驚く。有名無名関係なく、10人いれば10通りの8ビートがある。ドラマーにとって、ビートは言語なのだ。

体を使うと否応なく個性が出る。打ち込みのドラムにはない不完全さは人にしか出せない味わいだ。文章も、手書きで書くと自分の音が出やすくなる気がする。あとで見たとき、**その字面から書いたときの感情を思い出しやすいし、その言葉に辿《たど》り着いた思考の過程がわかる。**特に歌詞を書くときは消しゴムを使わず、紙5枚ほどが鉛筆でぐしゃぐしゃになった頃が目安だ。やっとここでパソコンに書き写す。

パソコンの無機質な字面。これもまた大事なことで、冷静に言葉を見る必要もある。谷川俊太郎さんは早くからパソコンで詩を書きはじめたそうだけれど、それは書き文字よりも自分を離れられるからだとインタビューで仰《おっしゃ》っていた。とってもわかる。音楽に感情が宿っているように、手書きの文字も意味以上の感情が宿って見える。

自分の内に内に向かっていくだけの歌詞は危ういものがある。歌詞作りもドラムフレーズ作りも自分の外に抜け出すことが大切だ。自分の外に落ちているものを拾ったり、発見したり。客観性というと少し寂しいけれど、いつも自分をあっと驚かせるようなものを作りたいなと思う。だから、冷静にスマホのメモに言葉を保存することも最近はよくある。

ドラマー同士「音」で会話していた

2018年、チャットモンチーの完結ライブに私も1曲だけ参加した。ドラム1台ではなく、ベースボールベアーのドラマー堀之内大介くんと、シュノーケルのドラマー山田雅人くんと3台のドラムを並べて一緒に叩いた。2人は上京してからのバンド時代の幼馴染みという感じだ。

私にとっては約7年ぶりのドラム演奏。現役のときに比べたら音も弱いし、ビートもタム回しも絶対にぶれぶれだ。でも、2人の音は、「大丈夫大丈夫、俺らに任しとき」と言っている。ギターやベースがステージに何人も列《なら》ぶことはあってもドラムが3台というのはなかなかない。音響やスペースの面で大変だから。

朋友だった2人とひと言もかわさずに、ドラムで会話していた。現役時代からスネアの位置を若干後ろにもたれさせて叩く私に対し、ぐんぐんと前のめりに引っぱっていってくれる2人のビートについていく。

久しぶりのみんなの音ということもあるけど、ドラム3台の音をステージで聴くってなかなかないので、それ自体に私は感動していた。両隣の2人の熱量や息遣い、振り上げる腕のフォーム、それぞれの太鼓の粒立ち、キックドラムの音圧、ハイハットの余韻の長さ。同じフレーズを叩きながらも、それぞれの音で会話し、それは音の塊になる。ステージの外ではどんな音だったのだろう。生音は、今までに聴いたことのないほどに、ドラム音による要塞ができていた。解散なのに新鮮さに包まれていた。

5分間の演奏は会ってなかった7年を一瞬で超えていった。何もしゃべらなくても、全部がわかった。私たちドラム3人はステージの後ろでフロントマンたちの背中を見守りながら同じだけど同じではないビートで会話をした。

チャットモンチーは、3人ともが歌詞を書くということでも珍しいバンドだった。今思うと、言葉を音としてよりも意味や感情でとらえて、そこに湧き上がるように音があったのではないか。

デビュー前、徳島で暮らしていた頃、自分たちの歌詞を手書きしたのをコピーしファイリングして、その余白部分に、歌詞の感情や情景を絵や言葉で書いて、3人でイメージの共有をはかり、アレンジをしたり演奏をしていた。言葉と音が対等な距離感で引き合っていた。

前期のチャットモンチーは、徳島の土着的なビートが出たバンドだと言われることも多かった。徳島時代に作った曲が中心だったからだろう。また、四国の環境音や方言は、私たちの音楽の根幹だったといえる。意図したわけではないけれど、自然とそうなったのだ。

音の生産地

東京出身の人が作る音楽、たとえば小沢健二さんとかベースボールベアーは、都会で聴くと一番しっくりくる。ベースボールベアーと一緒にライブツアーを回っていた頃、数週間の全国ツアーから品川に帰ってきたとき、ギラギラの夜景を見てドラムのホーリーが「帰ってきたー」と言った。やっぱりこの都会のネオンを見たら落ち着くなあと。当然といえば当然だけど、そうか、ここがベボベの故郷なんだな、ここで生まれた音楽なんだよなとしみじみ思った。

野菜や果物に生産地があるように、音楽にも生産地がある。

大寒波がきたヨーロッパで銀色の世界の中を電車移動しながら聴いたシガー・ロスは東京で聴く何倍も染みたし、逆に、カリフォルニア出身のレッチリは雪山でなく夏の海で聴いたほうが気持ちいいし、BEGINは四国の山で聴くより沖縄の海がいい。前期のくるりは、京都で聴くとさらに良いなあと思う。

新潟で作られた日本酒は新潟で飲むのが一番おいしい。泡盛は沖縄で飲むに限る。もちろん、その人の性格や影響を受けてきたものによるところも大きいけれど、作られた場所で味わう音楽はとびきりおいしい。

リズムは自分の「性格」をもつくる

ずっと吹奏楽やオケ、バンドをしていたので他の楽器とのコミュニケーションが重要で、そのポジションでの役割や、バランス感覚みたいなものが、現在の文章に反映されているとも思う。わかりやすく言えば「性格」ってことですね。

たとえば、私たちドラムや打楽器を担当する人たちは、一番後ろで、常にバンドメンバーや楽団の背中を見て、皆の呼吸に合わせるようにビートを刻んできた。ボーカルやギタリストとは見える景色が違う。それは当時の性格にも影響した。

中学生の頃はクラリネットだった。同じ吹奏楽部でも、打楽器とは何もかも真逆のポジションである。クラリネットは誰の背中も見えない最前列で、主旋律を奏でることが多い花形楽器の一つ。そこで1stを任されてソロなんかも吹いていた。打楽器がやりたくて入部する子と、クラリネットを希望する子で、雰囲気もなんちゅうか、全然違う。いや、配属になってその環境でやっていくうちにそうなった人も多いだろう。そのひとりが私だ。

私は望んで打楽器に行ったのではなかった。高校1年の夏、肺を悪くしてクラリネットから打楽器に替わらざるを得なかった。絶望……と思った。いっそ、やめようかとも思ったけど、やめてしまっては絶望しか残らないではないかと思い直し、打楽器に替わることを決意する。

打楽器は、見ようによっては目立っているけれどメロディ楽器でも伴奏楽器でもないので、いざ全体練習になっても指揮者に言葉をもらうことはほとんどなかった。メロディ楽器への指摘が続くと半日座っているだけのこともあった。

自分がクラリネットだったときは、打楽器の人が合奏中に暇すぎて後ろでうとうとしたり、宿題をする姿に腹を立ててきた。「たるんどる」と活を入れたこともあった。

だがしかし、いざ打楽器になってみたら、その気持ちがようわかる。褒められも叱られもしない蚊帳の外感よ。私たちなんていてもいなくても一緒なんだなと、しばし苦しんだ。私もこっそり寝たことがある。クラスではずっとリアルすみっコぐらしな学校生活だったので、好きな吹奏楽でくらいは、先頭でメロディ楽器を吹きたかった。高校生活は挫折からのスタートだった。

このポジションチェンジにより、私の雰囲気は確実に変わった。見える景色が変わったからだ。曲によっては、3発のシンバルだけのためにスタンバイしなくてはいけない。その3発をしくじったら地獄なので、1日200発のシンバル練習をしていた。

打楽器担当はコンクールや定期演奏会の度に、他の楽器の人たちに頭を下げて、運搬を手伝ってもらい、トラックの荷台に乗り込んで載せる順番を指示した。クラリネット時代を知っているだけに、なんて肩身が狭いのだろうと思った。

打楽器になって、より全体が見えるようになった。けれど、どこか冷めているというか、常に冷静でなくてはならないポジションだった。守らなくてはならぬ楽器が、手の中に収まるコンパクトなものではなくなったからでもあった。

移動となると、巨大なティンパニが4台、マリンバ、シロフォン、大太鼓、小太鼓、ドラなどなど……もはや引っ越しだった。数人がかりでティンパニを持ち階段を上り下りするので、踏み外して団員が怪我をしてはいけないと注意深く周囲を見渡し指揮をとった。かたや、何種類ものマレットやスティック、チューニングキーなどの細かな道具に至るまで一つ忘れても成り立たないので隅々までチェックし、神経質になった。コンクールのステージで小物楽器を忘れてパニックになる夢を、いまだに見る。

ただ、音楽室から移動させるのはコンクールや合宿のときだけで、普段は、クラリネットがパート練で他の教室に移動する中、私たちはずっと音楽室の主だった。打楽器パートの先輩後輩がやたら仲が良いのはそういうことだ。ドラマーもやたら仲良しだ。すべてにおいてメロディ楽器とは別物だったので、どこか孤独感があった。

演奏中、同じ動きをする人がいないので、間違ったとき誤魔化しようがないのが一番の魅力であり地獄だった。クラリネットだと、まだ下手な1年生の頃は難しいところは先輩の陰に隠れて吹かないこともあったけれど、打楽器は全員がソロなので、誤魔化しようがないのだ。

楽器によって性格の傾向がある。ベース飲み会やドラム飲み会はよく聞くけど、ボーカル飲み会やギター飲み会はあまり聞いたことがない。打楽器やドラムは物理的にも他者の協力があって鳴らせる楽器だった。ギターは背負って電車にも乗れる。弾き語りだってやれちゃうから、あまり人と関わらなくても成立するポジションなのだ。

「叩き語り」って、あんまり聞かないでしょ。ベースの弾き語りもあんま聞かないね。我々はメロディ楽器のギターやピアノのように、メインにはなりにくく、ひとりではなかなか成立しない。

私の今の性格は、間違いなく打楽器を長くやっていたからだと思っている。打楽器奏者やドラマーは結束力が強く、社交性のある人が多いのはそういった、すみっコたちの集まりだからだと思う。

友達ではなく雲の上の詩人に共感した

クラスですみっコにいたと書いたが、中高と相当影のうすい人だったと思う。私がバンドでデビューしたとき、高校のクラスメイトは「あの子が?」と相当に驚いたみたい。冴《さ》えない中高時代、国語の授業をきっかけに私は詩を書き始めた。その国語の先生は、授業の前に毎回生徒にお題を出して詩を書かせた。

時代的に、学校はめちゃくちゃ荒れていた。クラスの3割くらいがヤンキーだった。髪を染めて、学ランは特攻服で、突っ張りで、タバコ臭かった。授業はまともに進まないし、卒業生が単車(バイクという響きでなく単車って響きが合う)で乗り付けて先生を殴ったり、非常ベルはしょっちゅう鳴ってるし、先生も日常的に生徒を殴るし、消火器は噴射されるし、いつもどこかのガラスは割れていた。

私はそんな中で、息をひそめてエネルギーをなるべく消耗しないように生きた。小学時代の友達はいたけど、みんな中学になると新しい友達ができて、次第に孤立していった。そこに無理矢理にでも混ぜてもらおうとしなかったのは、単純にときめかなかったからだった。教室は自分にとっては仮ぐらしの場所で、私にとっての居場所は吹奏楽部の音楽の中だった。だから、なるべく音楽に心血を注ぎたかった。

手持ち無沙汰な昼休み、詩を書いて過ごす。詩というと、文学少女的で、儚《はかな》げだけど、いわゆるポエムです、思春期の。恥ずかしすぎて、焼き捨ててしまったものも多いくらい、心情の吐露なのです。

最初は散文的だったものを、「詩」にするにはどうしたらいいだろうかと、次第に試行錯誤しはじめた。教科書以外で詩を読んだことのなかった私は、**まず、教科書に載っていた谷川俊太郎や茨木のり子の詩集を図書室で借りて読んでみた。**教科書に載っていたもの以外は、わけがわからなかった。本の読解というのは経験値によってはまったく響かないわけで、当時の私にはなかなかわからなかった。わからないから、繰り返し読んで、音から染み込ませていった。

そんななか、金子みすゞの童謡詩は、子どもも心にもよくわかるのに、視点がすごいと思った。それはスピッツのすごさと共通していた。私はスピッツの歌詞の世界にも魅了され、カセットを巻き戻してはノートに耳コピで書き写した。

インターネットのなかった時代なので、当然、誰かとこの孤独を共有することも#ポエム とか #ポエム好きな人と繋がりたい と共感を求めることもできなかった。SNSの中の共感ではなく、私が憧れたのは、はるか雲の上の詩人やミュージシャンたちだった。簡単に共感しあえない時代だったのが私にとっては良かったのだと思う。

昨今は、いわゆる「バズる文章」が正解になってしまっている傾向がある。バズると、その音が正解だと思ってそれを書き続けてしまう。もっと高いところに目標を掲げたほうがいいのに、SNSの中の世界がすべてになって、共感されるものを目指すようになる。**共感が基準ならば、それ以上に飛び抜けたものが生まれないのではないか。**自分の音を鳴らしたければ、簡単に人に見せないことも時に必要だと思う。

誰とも共感せず、書きためた詩をそっと机の中にしまう勇気をもて。「いいね」が多い文が必ずしもいい文ではないように、共感だけが正解ではない。むしろ、バズる文ならばAIでどんどん作られる時代が来るだろう。

「日記」で自分の音を鳴らそう

本当のオリジナリティとは、まずは体験したことや、真心に忠実に書くということではないだろうか。私は作詞講座をするとき、「日記こそがあなたのオリジナルの詩のはじまりだ」と伝える。あったことを3行くらい羅列している祖父の日記……というか日誌も、背景が見える私が読むと涙が出そうになるが、そういった日誌に、少しだけ日常の中の発見や違和感、感動を加えてみるところから始めるのはどうだろう。自分の心に響く音を地道に探してみてほしい。

フォルティシモよりピアニッシモの演奏のほうが難しいのと同じで、最初は強く印象的な出来事を書くかもしれないけれど、そのうち、ピアニッシモを。自分しか見えてないだろう細やかな気づきや、生活の機微を書いてみてほしい。できれば本心がいい。表面的に大きな出来事(運動会とか)よりも、心の底に残ったわずかな違和感やヒリヒリを逃さずに書きとめるのだ。それはきっと人間の真理へと繋がっている。

心を言葉で表すというのは、簡単なようで難しい。言葉には表現できなくて押し黙ってしまうことや言葉にはならず涙だけがでるような体験、あると思います。感情のほうが何枚も上手《うわて》で、言葉は未熟。追いつかないことばかり。楽しいにも100通りの楽しいがある。それを「楽しい」で要約するには少し無理がある。「楽しい」に押し込まれていた感情を、ほぐして、別の皿に丁寧に並べ直してくれるのが詩人なのだと思う。

中高時代の私は簡単に孤独を手放さなかった、というか手放す方法がなかった。だから、自分の心とちゃんと向き合えた。なにより、しのぎを削ってきたであろうプロの音楽や詩に触れられたことが、私のその後を決定づけたと思う。

感情表現のツールは言葉だけじゃない

話をバンド時代の歌詞に戻します。『愛捨てた』という曲では、歌詞に出てくる言葉の音に合わせてドラムフレーズを考えた。

〝遮光カーテン〟は「シャコーカアテン」→「タターータタタン」
〝にんじん〟は「ニィンンジン」→「タッカトンタン」
〝愛捨てた〟は、「タタタタタ」

と、文字数と語感に合わせた。文字にすると音程がわからないけど、言葉の音程の上がり下がりに合わせてタムを回した。これは非常におもしろい試みだった。

そういうふうに、言葉と音をまぜこぜに作って、それをベースとユニゾンにしたり、ハモったり、掛け合いにしたり。言葉遊びと同じく、音遊びも何千通りでもある。

実際、小学1年生の音楽の教科書でも、「ばなな」「すいか」など言葉に合わせて手を叩いてリズムを学んでいる。国語と音楽の境目がまだないのだ。遊び感覚で音と言葉を関連付けると自然と体にリズムが入ってくる。

打楽器をしていたときも、これと同じで、高速で5連符を叩く練習は「えひめけん・えひめけん・えひめけん」と連呼しながら叩いたし、7連符のときは「アイスクリイム」と連呼しながら叩いた。これ、私が編み出した技なんだけど、ものすごくやりやすいので、7連符練習がきつい方は是非アイスクリイムでお試しあれ！

ドラムをしていたときはドラム飲み会にも何度か参加させてもらった。錚々《そうそう》たるドラマーが勢揃いしていて、今思うと伝説的な飲み会だった。あのドラマーのあの曲のあそこがいいとか、シンバルやスネアのメーカーや種類についてみんな語り合っている。特に、ドラマー100人で割り箸でお皿叩きセッションするのは本当におもしろかった。

互いの音を聞き合いながら自分の音を入れる、あれはただの酔っ払いのどんちゃん騒ぎとは別ものだった。100人の音の会話だった。

私にとって、ビートは言語の一つだったのだ。私のドラムを「歌っているようだ」と評してくれる方もいたけれど、ドラムは私の感情表現のツール、つまり私にとっての詩だったのだ。**それが、今度は文章になったというだけなのだろう。**やっぱり、書きながら頭の中では言葉が音になってビートを奏でている。

自分の音を取り戻す

音楽を離れた今、音楽を聴くことに夢中になれている。それはもう、血眼で新しいビートを探さなくていいからだ。人のライブも手放しで楽しめる。音を作る人から音のファンになれたのだ。渋谷なんて街を歩けばリズムの宝庫。人の足音、声、信号、車、街頭演説。iPhoneを取り出し、今でも録音してしまうし、つい膝で合いの手を入れながら歩いてしまう。音楽をやめたからって、本当の意味でやめてはいない。どこにだって音楽はあるんだと気づかされる。

執筆がドラムと違うのは、「体感がない」ということだった。ドラムを叩いた後は、滝のように汗をかき、鼓動は速くなって、腰だって痛くなり、爆音に耳鳴りがする。でも、文章にはその体感がない。何時間書いても頭が熱く熱くなっていくばかり。空想が別の世界を見せてくれたり、知らない家族の一員になったり、頭の中で遠くまで行くことはできるけれど、いつしか私は再び体感を求めるようになっていた。

数年前から私は、ふるさと愛媛で畑をはじめた。東京―愛媛の2拠点生活。1年の半分は愛媛で過ごすようになった。私にはやはり体感が必要だなと、これも10年経って気づいたことだ。鍬《くわ》を地面に打ち付けるビート、よいしょ、こらしょと声が出る。鳥が変拍子で鳴く、風がごうごうと吹く、汗をかき、腰が痛くなり、天候に左右され、できた作物は私の作品となっていった。畑には畑の音があって、農には農のビートがある。季節ごとのそのリズムが文を書く上でも今の私には必要なものだと感じる。

もし、あなたが、自分らしい文章を書けないなと思っているならば、**自分のルーツになった場所の音を確かめに行く**のもいいかもしれない。上京したての頃、私は山間で育ったのでなるべく静かなマンションを探し、メンバーのひとりはわりと市内っ子で車の音が聞こえるほうが落ち着くと、あえてうるさい場所を探した。今思うと、自分のリズムが出しやすい場所を互いに選んだということなんだな。

枝分かれした先に今のあなたがあると考えると、あなたの元の源流となった、環境、音楽、本、方言などへ立ち返ると書くことが今より楽しくなるのではないでしょうか。さて次の章では、自分らしい音を鳴らすために、論理を一度ひっぺがしてみましょう！

私の好きな「いい音がする文章」

column 3

方言の音

方言というリズムが、見事に小説全体の世界観を作っているのが浅田次郎の歴史小説『壬生《みぶ》義士伝』だ。

この小説は、さまざまな語り手が南部藩士で新選組隊士だった吉村貫一郎について証言していくという〝語り〟で構成されている。さらに、本人が故郷の妻へと語りかけるシーンが要所要所で挟まれるので、地の文がいきなり南部弁になる。関西弁なら脳内再生されやすいけれど、南部弁を字で追って、それを脳内で鳴らして理解していくというのは、最初のうちは、まるで英語を読むような感覚だった。こんな感じ。

外が静かになったなはん……

耳っこ澄《す》ませば、しんしんと雪っこ降る音が聞げる。盛岡も雪でござんすなっす。

なんもはぁ、なじょすべ。

なじょしたら、良《え》がんすべ。

腹を、切れってが。


読み始めた最初は南部弁になるとスピードが落ちていたが、体に馴染みだすと貫一郎の語りになるのを楽しみにしている自分がいた。そして、気がついたら自分も「おもさげながんす」と言ってしまっていた。

「申し訳ありません」の南部弁で、何かと貫一郎が口にした言葉だ。これまでの新選組のイメージとは相反する、彼の「おもさげながんす」の心、その言霊みたいなものが、この物語全体のキー音を作っているように思った。

その後、映画の壬生義士伝で、中井貴一さんの発音を聴いてやっと、ああ、ここにアクセントがくるのかと思ったりしたけれど、しゃべり言葉というのは、人となりを表す。自己紹介せずとも、生き様がにじみ出てくるものだ。何人にも変化するナレーションを使い分ける浅田次郎さんはさすがすぎる。

それでは、江戸弁から、南部弁へ変わるところをどうぞ。

——これで気がすんだかい、旦那。

年寄りがようやっと忘れたことを、何が面白くて思い出させたりしやがるんだ。

ざんざんざんざん、よく降りァがる。いやだね、雨は。

いい若い者が夜の夜中まで油を売るのァたいがいにして、もう帰んな。

ありがとうございやした。看板にさしていただきやす。

しづ——

お前《め》は今ごろ、何をしてるんだべか。

雫石《しずくいし》の里はさらさらの凍《すば》れ雪に埋もれているだろ。子供らを寝せつけてから、炉端でつくろいものでもしているのすか。

岩手山《おやま》の吹きおろしが背戸《せど》を叩くたんびに、裸足で雪の庭さ出て、わしの姿を探しているかもしらねな。
わしが国を出るとき、なんも心配《しんぺえ》するなと兄さは言って下さんしたが、約束の二年が三年になり四年になり、……。

［以上、浅田次郎『壬生義士伝　上』（文春文庫）より］

方言というのは消滅しつつあるリズムである。ここまでの南部弁を日頃から話す20代はもういないだろう。愛媛の地元の子どもたちと話していても、おじいちゃんおばあちゃんと一緒に住んでいる子はまだ方言が出るが、標準語でしゃべっている子が多くなった。

次は関西弁です。お笑い芸人Aマッソ加納こと、加納愛子さんのエッセイから。ものすごいテンポの良さはさすがだ。ときどき心の声になると猛烈に出てくる関西弁のパワー。早口でまくしたてるように読みたくなるのは、この関西弁の威力なんだろう。

主婦Aの声が、だんだんと高くなっていく。キュリキュリキュリキュリ。

「持って生まれたものなのかしら〜」。キュリキュリキュリ。その音に弾かれたように、私は袋の中のかぶを摑んでいた。ひき？　なんやその実態のわからんものは、え？　一回こっきりの人生で、そのなんや、ひき？キュリキュリ？　が君にはあって、私にはなかったです残念、で諦められると思うか？　アホ言うたらいかんぞ、そもそもかぶを植えたんは爺やぞ、その爺の最初の支援者は婆や、それを横取りする権利がなんでお前にはあるんじゃあ！

［加納愛子『イルカも泳ぐわい。』（筑摩書房）より］

会話文でも関西弁はよく見かけるけれど、文字になっても脳内ではやはり早回しで再生される。同じ関西でも、京都弁になると、はんなりゆっくり再生されますなぁ。川上未映子さんの初期作『乳と卵《らん》』や町田康さんの小説は、会話文だけでなく、地の文も関西弁になっていて、その、元に戻らない強さが、まさに全体のリズムを作っていく。

方言っていうのは、強めのフィルターがかかってしまう感じもいなめない。なんだか、**自分汁**が出すぎるというか。メロディをもらった歌詞に近く、内容以上の感情を呼び起こしてしまうからだろう。そこに勝るほどの内容あればこそ。いつか、すべて伊予弁、トライしてみたい。
さて、全国各地の方言といえば、「まんが日本昔ばなし」ですよね。市原悦子さんの朗読を楽しみにしていた人も多いはず。そして、朗読したくなる方言絵本といえば、斎藤隆介・作、滝平二郎・絵のタッグは外せません。『モチモチの木』は文の細部にまで、じさまの慈愛が溢れ、豆太の小さな心臓の鼓動が聴こえてきそうなくらい、音に生命力がある作品だ。

じさまが、しゃがんだ　ヒザのなかに
豆太を　かかえて、
「ああ、いい　よるだ。星に　手がとどきそうだ。
おく山じゃァ、シカや　クマめらが、ハナぢょうちん
だして、ねっこけてやがるべ、それ、シイーッ」
って　いってくれなきゃ、とっても　出やしない。
しないで　ねると、あしたのあさ、とこのなかが
コウ水になっちまうもんだから、じさまは

かならず、そうしてくれるんだ。
五つになって「シー」なんて、
みっともないやなァ。
でも　豆太は、
そうしなくっちゃ　ダメなんだ。

［斎藤隆介・作、滝平二郎・絵『モチモチの木』（岩崎書店）より］

この二人のタッグで作られた『ベロ出しちょんま』や『八郎』も素晴らしいが、改めて読んでみて、絵本としてはもちろんのこと、何回も繰り返して朗読したくなるくらいに音がいいことに気づく。秋田弁が美しい『八郎』からの抜粋をどうぞ。是非現地の方に読み聞かせをしていただきたい絵本です。

はまさ近くなるとな、村の人がたはな、八郎が山こしょってきたので、たまげてしまったごもせ、海のやつはおこって、さみいさみい風こを、ぴゅーっ、ぴゅーって、ふきつけたもんでな、八郎のせなかで、山は、「はちろおー、おらさみい、おらさみい」って、がたがた、がたがたふるったと。

したども、八郎はな、

「だまってれ、やかまし！　わらしこないたれば、かわいそうでねが！」って、その山こ、海の中さ、やぁーっ！　って、ほうったとせ。したっきゃ、なんと海のやつ、ざばーっ！　って、まっ二つにわれてよ、われた二つが黒い太陽までとび上がってせ、夕立のようにびしびしふってきた海の水は、ざばざば、ざばざばって、おきのほうさ行ってしまったと。

［斎藤隆介・作、滝平二郎・絵『八郎』（福音館書店）より］

「おらさみい、おらさみい」「だまってれ」「わらしこ」「したっきゃ」声に出してみたくなる方言の連なり。そこに「ぴゅーっ、ぴゅーっ」「がたがた、がたがた」「ざばーっ！」「びしびし」「ざばざば、ざばざば」オノマトペがぎっしりと詰まって、声に出せば文章が波打って感じられるほどだ。

『壬生義士伝』と同じ東北弁でも、絵本である『八郎』はよりリズミカルで、迫力を感じる。お国言葉で語られることで、そこに生きる人たちの息遣いや願いをより近くに感じることができる。

第4章

なぜ自分の音を出しにくいのか？

この頃、自分の音が鳴らしにくくなっているなと感じたことはありませんか。

表現の場は以前より開かれているのに、同調圧力のようなものを感じてしまうことも。特に、仕事のメールの文章。会ってたときはあんなにフランクに話していたのに、テキストになった途端に無音になりますよね。**個性0感が標準というか。**あれ、なんなんでしょう。

ここでは、こんな世界で自分の音をどんなふうに出していけばよいか考えてみましょう。

『上を向いて歩こう』はなぜ人の胸を打つのか

論理的に正しいことを言われても余計に悲しくなったり頭に入ってこないということはないだろうか？　励ましの言葉は特にそうかもしれない。でも、同じ言葉なのに、歌になったらすっと心の隙間に入ることがある。

3・11のあと、いろんなところから坂本九さんの『上を向いて歩こう』が流れた。この曲は、1961年に誕生し、戦後日本の復興から高度経済成長期という激動の時代を支えてきた日本の代表的な歌謡曲だ。台湾に旅行に行ったときにもタクシーの中で流れていて、運転手さんが口ずさんでいたことにも驚いたし（ちなみに、千昌夫の『北国の春』も歌っていた）、海外でもこの曲だけは知っているという外国人も多く、日本の歌謡曲の中では最も認知度が高い曲じゃないだろうか。

上を向いて　歩こう
涙が　こぼれないように

思い出す春の日　一人ぼっちの夜

具体的に何があって涙がこぼれそうなのかは書かれていない。春も夏も秋も涙がこぼれないように上を向いて歩くというとてもシンプルな歌詞だ。でも「泣きながら歩く一人ぼっちの夜」というフレーズ。結局泣いているんです。

リスナーは、主人公が上を向きながらも涙を流していることに救われたのではないか。そして、「あなたは一人じゃないよ」とは言わずに、「一人ぼっちの夜」と言い切ったからこそ、みんな、自分だけではないと思えたのではないだろうか。

「人生にはいいことも悪いこともあるんだから前向きにがんばろうよ」とか「ときには泣くことも必要だ」とか「僕もこんなことがあって悲しいんだよ」とか、説教じみたことを言ってない。良い歌詞には余白があるな。書きすぎず、それぞれに想像を委ねる余地のある歌詞だ。

「前を向いて歩こう」ではなく「上を向いて歩こう」なのがいい。論理的にこの歌詞を分析するなら、**そもそも上を向いて歩いたら転ぶだろ**ってなるんです。でも、「上」って言葉のまとっている雰囲気が、みんなに伝わったのだと思う。「前」という現実的な言葉だと、道がどこまでも続く絶望感も想像してしまう。でも「上」には空しかない。

同じ空の下で、みんなでがんばるんだと思えたんじゃないかな。広まっていく歌詞の多くは論理の対極で、空気をたっぷり含み、個性に個性が重なったものなのだねぇ。

作詞者の永六輔《えいろくすけ》さんからこの歌詞をもらった作曲者の中村八大《はちだい》さんは、ヨナ抜き音階で、ジャズアレンジにした。ヨナ抜き音階については第2章で書いたけれど、童謡によく使われる、ドレミファソラシドからファとシを抜いた音階だ。そのことにより子どもやお年寄りにも親しみのあるメロディーになったのではないか。日本のこれまでの演歌は泣けるマイナー調が多く、洋楽は明るいメジャーコードが多い。

永六輔さんは、著書『上を向いて歩こう　年をとると面白い』の中で次のように語っている。中村八大さんは、最初はメジャーコードで作曲し、「幸せは雲の上に」からマイナー調に変化させたあと、またメジャーに戻っている。この沈んで明るくなるという曲の構成が、気持ちが上向きになり良かったのではないか、と。

私たちは歌詞だけでなく曲調によって泣けたり、前向きになったりしているのだ。

この曲のすごいのは、牧歌的なバラードや童謡にせず、ジャズアレンジにしてモダンに軽やかにしたところだが、さらにさらに、坂本九さんの歌い方、びっくりするくらい鼓膜を圧迫しない。同じ歌詞でも、もしべたべたのバラードで、感情たっぷりに歌い上げるメロウなボーカルがついていたら「SUKIYAKI」というタイトルで世界でヒットすることも、多くの日本人の心を打つこともなかったと思うのだ。坂本九さんの独特の歌い方について、永さんは、「(坂本さんの)ご兄弟はみんな三味線の名手で名取《なとり》の方もいます。『この子は三味線で育ててきたのに、中学に行くようになったらギターを持ってロカビリーなどやかましいことをして』というのがお母さんの言葉でした」と書いている。坂本さんは、邦楽が日常的に鳴り、唄われる家で育ったのだ。

> この人はロックシンガーでした。しかし、あの人の歌い方を一度、じっくり聞いていただくとわかるんですが、完全に邦楽の歌い方なんです。(中略)『♪ふへほむふひいて　あはるこおおほほ』と聞こえてきませんか?
>
> あれは邦楽の歌い方なんです。
>
> 新内《しんない》、常磐津《ときわず》、端唄《はうた》、これが全部彼のロカビリーのなかに入っているんです。
>
> 同じことですが、さだまさしもそうです。谷村新司もそうです。
>
> 伝統として受け継いできた日本の歌い方が、いま、歌っている人たちの歌のなかに生きているということ、本人たちも気づかないままに伝統を受け継いでいるということ、これがとても大事なことだと思います。

なるほどあの歌い方は邦楽からきているのかと、環境の偉大さを知ったのだった。

「歌詞」は音楽の一部にすぎない

歌詞を書くときに気をつけている、というか信じていることは、メロディやサウンドの力だ。つまり、書きすぎないということ。意味を求めすぎないこと。作曲家や編曲家に、あとはまかせたぞと、バトンタッチする。歌詞はケーキのスポンジ。そこに曲というクリームが来て、アレンジというフルーツが来て、ボーカルというイチゴがのって、さらに、美味しいコーヒーやテーブルクロス、花、お皿、すべてで曲が完成する。ひとりでクリームまで塗らない。余白を残し、論理的に説明しすぎないことこそが歌詞の美学だと思っている。**人間の想像力を信じて書く**のです。

小説やエッセイも書いているけれど、使う脳みそが歌詞と真逆！　小説やエッセイは音の良さも大切だけれど、まずは意味がしっかり伝わらなければいけない。今書いているこの本の文章なんて最も論理的でなくちゃいけませんね。とはいえ、意味ばかり追いかけると、なんだかときめかない文になってしまうので、その匙《さじ》加減が作家さんたちの腕の見せ所なのだろうと思う。

歌詞は、意味と音の比重で言うと、半々よりもう少し音寄りだと思う。言葉でもあるけど、音楽の一部なのです。たまたま、言葉がみんなに一番わかりやすい要素だというだけであり、ギターやベース、ドラムと同じ立ち位置にいるのだと思っている。またお菓子でのたとえですが、歌詞や詩がクッキー生地の塊だとすれば、エッセイや小説は麺棒で生地を延ばしている感じだ。

文章は長くしていくよりも、削っていくほうが圧倒的に難しいと、10年やってみて思う。だからこそ、『上を向いて歩こう』の3分ちょっとの歌詞のすごさがわかる。世界中の人たちの延ばす前のクッキー生地、つまり人間のコアの部分を軽やかに肯定している曲なんですね。

「音楽の力」を嫌った坂本龍一の言葉

3・11の後には、テーマ曲かと思うほどテレビやラジオから『上を向いて歩こう』が流れた。いや、意図的に流してしまったのだろうと思う。あの頃は、誰かの心を傷つけてはいけないという、とてもナイーブな時期だった。

でも時として、その気遣いはしんどさになってしまうこともある。純粋にいい曲なのに、私は次第に拒否反応を起こすようにさえなっていた。音楽に意味を求めすぎたのではないだろうか。もちろん励まされた人もたくさんいただろう。だけど、「人々を癒やそう」という各局の思いが透けて見えすぎて、満腹すぎて、この曲が流れるとテレビやラジオを止めてしまう時期があった。

永さんは著書の中で「この詞は、励ましの詞じゃないんです」と言っている。1960年の安保闘争で永さんが感じた挫折を歌ったものなのだそうで、なんと、28歳のときの作品なのだ。

歌が作詞者の手を離れ、作曲者、歌手によって違った作品になることはよくあることです。

［以上、永六輔『上を向いて歩こう　年をとると面白い』（さくら舎）より］

永さんはこのヒットにより、しばらく作詞から離れてしまったそうだ。世に出したあとはお好きに、と思えるまでには、私も時間がかかった。思いを入れて書いた歌詞であればあるほどに。本だとそういうことはまず起こらない。それが、音という翼をもつ歌詞の良さと辛《つら》さである。

坂本龍一さんが生前、朝日新聞の取材で、「音楽の力」という言葉が一番嫌いだと答えていた。坂本さん自身も音楽に癒やされた経験はあるけれど、「音楽を使ってとか、音楽にメッセージを込めてとか、音楽の社会利用、政治利用が僕は本当に嫌いです」と言っている。

環境問題や地雷撤去のプロジェクトなど社会貢献の活動も多くされていた方だけれど、それらは自身の有名性を使っての活動だ。音楽についてこう語っていた。

感動するかしないかは、勝手なこと。ある時にある音楽と出会って気持ちが和んでも、同じ曲を別の時に聞いて気持ちが動かないことはある。音楽に何か力があるのではない。音楽を作る側がそういう力を及ぼしてやろうと思って作るのは、言語道断でおこがましい

（2020年2月2日付「朝日新聞」朝刊より）

深く頷《うなず》いた記事だった。震災や戦争が起こると、必ず「音楽の力」は登場してきた。音の一部だったはずの「歌詞」から、メッセージという名の「意味」だけが抽出されていく。実際、兵士や国民の気持ちを高揚させるため、軍歌が国中を支配した黒い時代

だってあった。音楽は時に、プロパガンダとして独り歩きしてしまう怖さもはらんでいる。

じゃあ音楽家は誰のために、なんのために音楽を作り鳴らすのか。坂本さんは最後にこう答えていた。

「好きだからやっているだけ」

ブラボーである。それによって生まれる誰かの感動は副産物でいい。そうあってほしい。私もバンドをしていた約8年間、いや今だって心からそう思う。聴きたい人だけが聴いてくれたらいい。もちろん、アルバム発売直前はプロモーションで全国を駆け回ったけれど、音楽と出会うきっかけ作りにすぎなかった。

同じ曲を聴いても必要とする人と、必要でない人がいる。誰かのためにでなく、自分が心底かっこいいと思ったものしか出さない。お客さんに愛情がないのではない。むしろその逆だ。完璧にかっこいい曲や歌詞を作り披露することが私たちにできる恩返しのすべてだった。

「お世話になります」はセッション前のチューニング

歌詞は意味よりも音としての言葉だけれど、一方で、仕事のメールの文章の多くは音を感じない。無味無臭、無音です。

「お世話になります」からはじまる雛形《ひながた》はいつから定着したのだろう。よく考えると、まださほどお世話になっていない人にも、ひとまず「お世話になります」だ。ときには「大変お世話になっております」と書いてくれる人もいて、これは論理というよりは、安心安全な記号として貼っつけてるんやろなあ。

まあまあ慣れてきたら「こんにちは。今日はとびきり暑いですね」とか「おはようございます。今朝散歩していたら桜の花が咲き始めてました」なんて、自分の身近な話題も織り交ぜられるようになるけど、相手に会ったことがないとか、まだパーソナルなお付き合いをしてない人とは、ひとまず「お世話になります」が楽ですよねえ。

手紙なら、まずは季節の挨拶を入れるけど、仕事のメールでこれを入れると、相手にも強要しているような気がする。忙しいときにこんなの来たらうざったいかななんて思って、自分の音を出すのを躊躇《ちゅうちょ》してしまう。

令和になってもメールの宛先に「○○様」と書くのも、なんか変な感じがします。「様」と書いた途端に、よそ者スイッチが入ってしまう。会ったらあんなにフランクやのに、文面では「様」「お世話になります」から抜け出せないあのハードルはなんなんだろう。相手が「高橋さん」と書いてくるのを待っているのに。相手も私の出方を待っているに違いない。

クラシックコンサートで喩《たと》えてみますと、「お世話になります」はじまりは、コンサート前に1stバイオリンに合わせてすべての楽器が同じ一音を鳴らしてチューニングするステージ上のあの感じに似ている。ギー。ギギー。はじまるよー。ギギギー。てな具合に。自分も実際、吹奏楽部とかオケ部でステージに立ったとき、このチューニングで少し緊張がほぐれた。続けてパッセージを弾きたくもなるが、一音だけを鳴らし、何十もの楽器の音程を合わせる。**挨拶というのは第1楽章の前のチューニングなのではないか。**

ご近所さんと道で会ったときに、朝は「おはようございます」、晩は「こんばんは」と言うみたいに、お仕事メールの「お世話になります」も、これから第1楽章いきまっせのチューニングなんだろう。普段あまりお付き合いのない近所の人にいきなり趣味の話をしたりはしないように、このチューニングは、わりと便利な記号だ。チューニングで、相手と音程を合わせてから、趣味や家族の話をする。

チューニングが合わないと思ったら、挨拶と天気の話だけで、うまくやりすごすのも大人の近所付き合いであるが、仕事ではそうはいかない。私は自営業なので、チューニングの合う人とだけ仕事ができるけれど、ほとんどの場合はうまくチューニングの合わない相手でも進めねばならない。これでは、自分の音を鳴らしていてはめんどくさいことになりかねないし、そもそもオレの音が必要ない場所なのかもしれない。

音＝感情であることが多い中で、感情が見えないチューニングは時として効率が良く、理にかなっている。自分の「音」は仕事などの効率化を求められる文章においてノイズになることもあるからだ。仕事では「文字」が「記号」としての役割を果たすことで、円滑に進むことも多いだろう。

ある企業ではメールの返信の文章の雛形が何パターンもあり、それをコピペすることで効率化していると聞いた。自分の音を鳴らすことをはなから許されていないのだ。それもなかなか寂しい話やなあと思う。揉めることもないけれど、長時間それをやり続けることで、自分の音を忘れてしまうのではないか。

実際に会って話してみることで、プライベートでも仲良くなったという人もいたり、何百回のメールよりも、たった1度の会食により話が進んだというのもよくある話で、チューニング後の第1楽章ではぜひオレの音を出してみてほしい。もしチューニングが合えばね！

「あなたの音」をもらったら「わたしの音」を返してみる

仕事では自分の音を鳴らす必要がないかもしれないけれど、プライベートでは音を鳴らすのが楽しい。セッションしてこそ会話だと思う。

でも、友人や家族へのＬＩＮＥでも、崩せなくなっている人が多いように思う。ＬＩＮＥの返事で「承知しました」と書いてくる後輩も多い。間違いではないけれど、しゃべり言葉ではなかなか出てこないその言葉をＬＩＮＥでもらって、脳内でその子の声で再生するとき、やはり距離を感じる。「私の音」で渡しているのに、「あなたの音」で返せなくなっているんだなとも思う。

日常の「文字」が「記号」でしかなくなってしまうと、途端に会話や関係もそれに引きずられるから要注意だ。それがあなたの音として相手に届くからだ。「承知しました」という音は次第に積み重なり、会ったときに「承知しました」のイメージからスタートする。

LINEは短い会話であることが基本なのに、私はついつい長く書いて、オレの音を出しすぎるので、これ以上は会ったときに話そうと書きたい気持ちを抑えておく。オレの音を実に軽やかに書きこなす友人のLINEは、ここで紹介したいくらいに素敵だ。方言とか、ちょっとした冗談とか、去り際のセリフも。やはり、顔を想像しながら脳内再生するから、会っていたかのように楽しい。いや、会いたいなと思わせる。今度会って話そう、となる。

そんなこと言われたら書けなくなるわっていう人も続出しそうですよね。「承知しました」でも一向にかまわないんですよ。でも、私だったら「はーい」とか「うん、わかったー」とか書く。これはもはや意味ではなく、めちゃくちゃ適当な音である。「じゃ〜ん！」でもいけるだろう。それが言い合える関係だからこそ、そう書く。そのひと言は、すでにチューニングを終えたあなたと私だからこそ。

第3章で書いた、学校の国語で型にはまってしまった経験に近いものがある。仕事でメールや企画書などの決まった文章を作る時間が多い人は、そう教え込まれているから、自分の音を鳴らすチャンスがそもそもないし、崩すことができなくなっているのかもしれない。

さらには、そういう型にはまった文章に触れる時間が多すぎて、自分の音を鳴らすことに魅力を感じなくなっているのではないか。自分の音で書くこと、しゃべることに恥ずかしさを感じたり、正解を求めてしまったり、自分の音を外に出すということに抵抗を感じている人が少なくないのだろう。

生身の自分は「複数のアカウント」を使い分けて音を出している

自分の音を鳴らす人が限られてきているのではないかと思いきや、Twitterユーザーは6500万人、Instagramは6600万人。ネットのなかった時代に比べたら、SNSなどを通じて自分の音を外に出しやすい時代だ。私の青春時代はそういうものがなかったから、目の前の友達に自分の音を鳴らすことがすべてだった。広がりはないし、チューニングの合わない人としか学校で出会えないと、なかなか居場所を探すのが大変だった。

今はいいなあ。学校がいまいちでも、外の世界とすぐに繋がることができるもの。YouTubeとかTikTokを使えばあっという間に表現したいことを放つことができる。一方では、それだけノイズが渦巻いている時代でもあり、何百万人が見ていると思うと、評価が気になって音を鳴らしにくいというのも、とてもよくわかる。

SNSの世界は同時に十数ヶ所の会場でライブが行われる大阪のミナミ・ホイールのフェスに近いものを感じる。バンドマンの登竜門とも言われ、私たちもデビュー前はそこに出ることを目標としていた。観客は、ライブ途中でも自由に会場を行き来することができるので、シビアなフェスでもあった。人気があれば入場規制がかかるし、なければ数人ということだってありえるのだ。

SNSの中も、互いに影響を受け合い共鳴し合えばリポストやいいねをするギグである。でも、フェス会場のように各々の音を鳴らしているように見えて、オリジナルの音だけではない。自分の音は鳴らさずにリポストしかしないコピバン派の人も多いし（コピバンとて自分の音だけど！）、ステージに本当の顔を出したくないからアカウントを何個も持って自分を使い分けている人もけっこういると聞いて驚いた。SNSにはミナミ・ホイールのようなオーディションがない。よってフィルターがかかっていないのがおもしろいところであり、危険なところでもある。

実際、そんなことしなさそうな知人も4つのアカウントを使い分けていて、私が知っているのはその中の1つだけである。あと3つのアカウントでは一体どんな顔をもっているのか、大変興味深いのだけれど、そっとしておいている。友人の話によると、鍵アカを含めて15個以上持っている人もいるとか。

「単一アカウントで通しているほうがキモい」

という声もあって、そ、そうかも……と納得してしまった。確かに人はコミュニティによっていくつもの自分が混在している。私だって、仕事仲間の前で鳴らす音、家族の前で鳴らす音、バンド時代の友人と会ったときに鳴らす音、大学時代の友人に鳴らす音、農業仲間に鳴らす音、愛媛の近所の人に鳴らす音、東京の近所の人、親戚の前、夫の実家、親しい友人の前……今パッと思いついただけで、10個もある**やんか**。

性格を変えるということではない。変えようがないもの。というよりは、話す内容とか言葉遣いとかを変えている。自分を自然に使い分けているということですね。最近は、年配の親戚や父まで私のTwitterを見てると言っていたので、こえー！　と思って、前よりはブレーキをかけるようになった。昔は若者しか使いこなせなかったスマホだけど、今は父世代もみんな見てるからなあ。油断大敵でございます。

「チョベリバ」は短命で「ヤバい」が長生きなのはなぜ

しゃべり言葉も書き言葉も、始まりは真似からだ。親がしゃべるのを真似て、その国の、その地域の言葉を発するところからスタートする。「言葉」を使って表現する限り、0からの創作ではなく1からなのだ。

猫の鳴き声は今では「にゃーにゃー」と書かれることが多いけど、源氏物語では「ねうねう」と書かれている。どうやったら「ねうねう」って聞こえるんだ？　と思ってしまうけど、前記したホトトギスが「てっぺんかけたか」に聞こえるのと同じこと。耳というのはとても自由な器官である。ちなみに犬は狂言の演目の中で「びょうびょう」と鳴いていますよね。1000年後には「わんわん」から変わっているかもしれないよ。

「愛」も「美しい」も「おかしい」も平安時代とは微妙に意味のニュアンスが違う。「いと美し」は子どもなどに対して「かわいらしい」の意味で使われることが多かったようだ。歴史の移り変わりの中で、さまざまにその音と意味を変えながら、現代語に到達した。そう思うと、言語の一つひとつを大切に使いたいし、若者言葉を責めるのもナンセンスと思う。ちなみに、私が高校時代には、言うのも恥ずかしいんだけど、チョベリバとかチョベリグが流行って、速攻で消えていきました。

夏目漱石の例の「I LOVE YOU」問題も、あの時代にはまだ「愛している」と言う習慣は日本にはほとんどなく(今でもドラマ以外でそんなこと言う人に会ったことないけど)意味が定着していなかったんやろね。本当に「月が綺麗ですね」と訳したのなら、惚れてまいますわ。

高校時代の三省堂の古語辞典を引いてみましょう。「愛す」の意味は、

①(人や生き物を)かわいがる。
②物事をつよく好む。すばらしいと思う。

③惜しむ。
④子どものきげんをとる。あやす。

となっている。③、④に関しては、今はまったく原形をとどめていない。でも、駄々をこねる子どもに「そなたを愛す」とか言ったら、けっこう素敵かもしれない。昔はもっとラフに使われていたんですね。〈要説〉には以下のように書かれている。

現代語の「愛する」と違い、強者が弱者をかわいがる、いつくしむという気持ちで用いられている。本来は漢語であるが、「愛」という漢字との結び付きが薄れて、和語の語感をもつ「あやす」を派生した。④はその意味の用例で、伝本によって「あひせよ」と表記されている。

たしかに、「愛でる」とか、「愛くるしい」、「愛《いと》おしい」なんて使うときの「愛」は今もこの古語のようなニュアンスが残っている。「愛している」だけが独り歩きして、一体いつから、こんなにヘビーな音を奏でるようになったんだろう。

意味が広すぎるといえば「ヤバい」である。私が中学生のときにはまだ「ヤバいよね」なんて言ってなかった。それが、高校になって突如、始まった。「あれはヤクザの言葉だから、軽々しく使ってはいけない」と大人たちは非難するわけなんだけれど、「ヤバい」は翼を広げてどんどんヤバくなっていく。チョベリグやチョベリバと同じように、消えるだろうと思っていた。しかし、ヤバいは本当にヤバかった。あのルーズソックスでさえワゴンに積まれて安売りになったというのに（今またはやってますが）、時代の波を突破……というより、意味の形をかえて居座り続けている。むしろ、あの頃非難していた親世代までもが、油断したら使ってやがる。これこそヤバいなあと思う。

祖父の遺品の『広辞苑』第三版で「やばい」を引いてみる。〈危険であるの意の隠語〉と記されている。

それが、何年か前の広辞苑についに「やばい」の意味が追加されて、ざわついたのをご存じだろうか。第七版では、〈①不都合である。危険である〉。そして、〈②のめり込みそうである〉が追加されている。

いざ説明されると、なんだかピンとこない。①は本来の意味だが、②はどうなんだろう。かわいいときにも、美味しいときにも、「ヤバい」と言う。それはのめり込みそうという意味とはちょっと違う気がするし、正しいようにも思う。言葉を言葉で説明するのは、実はとても難しく、時には野暮だ。

ヤバいは、反射なんだと思う。頭を通る前に出ている。熱いヤカンを触って「あちっ！」と言うような。あれはもはや体の中の鍵盤をバーンと鳴らす感じなのだ。「ヤバい」とか「エモい」は、咄嗟《とっさ》に飛び出す反射的な「音」なのだと私は思う。

こうして消えたり増えたりしながら時代のうつろいとともに言葉は旅をしてきた。そうして流れ着いた言葉を組み合わせて、小説家や詩人、新聞記者など、言葉を生業にする人たちが文を残してきた。その文を読んで、歌詞を聴いて、また次の世代が新しい作品を作る。何百年と使い古された「言葉」を組み合わせて、新しい世界を生み出す。

私もこの10年、さまざまなジャンルの言葉に挑戦してきた。その中でも一番体力が必要と感じるのは小説だ。小説は歌詞と比べて、圧倒的に意味や論理が必要な世界だ。どちらも同じ言葉だけれど、真逆の性質を持っている。小説の編集さんに「もう少し説明を加えないと伝わらないですよ」と言われた話をすでに書いたが、小説は文だけで100である必要がある。それに対して、歌詞はメロディや歌や音も含めて100になるように作る。

またオーケストラで喩えるなら、歌詞は1stバイオリンだ。それに対し、小説を書くときは、オーケストラの指揮をしている気分。トライアングルの音色一つで協奏曲が変わるように、登場人物の動き一つで見えてくる景色全体が変わっていく。その指揮をするのが作者の役目だろう。歌詞と小説を同時に依頼されて、同時期に書くこともあるが、頭のスイッチを切り替えないと、本当にしっちゃかめっちゃかになってしまう。

しっちゃかめっちゃかって、すごい音ですね。しっちゃかめっちゃか感が満載な音です。意味がないようでいて、語感というのは非常に的確にその状態を表している。

髪、神、紙。「カミ」という音を持つ語の語源は太古から生命の源とされてきたという話を、昔、何かの本で読んだ。葉と歯。死と詩。同じ音を発するものは、意味的にも遠くない関係にあるという。先日、「農」と「能」で対談をしました。こればかりはあまり関わりのないことだろうと思っていたけれど、この本で何度も登場してくる有松遼一さんが「能は農が根っこなんですよ」と言う。神事として、五穀豊穣《ほうじょう》を祈っての舞が能のはじまりだったようだ。やはり音というのは、あなどれないのですよ。意味がないように思えて、実は深いメッセージが含まれていたりするのだから。

「予測変換」で音が死ぬ罠

自分の音が消えていると言えば、携帯やパソコンの予測変換だ。手書きで書いていた時代、「さすが」を「流石」なんて、「とにかく」を「兎に角」なんて書いてなかった。昔の文豪の小説を読んでいたらよく出てきたが、カッコいい漢字やなと思いながらも、自分で使うことはなかった。

それが、忘れもしない大学生のとき、ながれいしが、うさぎにつのが、さもずっと昔から使っていた自分の言葉のように「流石」「兎に角」と携帯に変換されるようになった。なにこれ。と思ったが深く考えずに使っていたら、そのうちみんな「流石ですね！」と、書き出した。いやいや、昔はそんな漢字使ってなかったやん。ながれいしって読んでたやん。

文章には**見た目のリズム**というのもある。声で表現したときは、それが漢字なのかひらがななのかわからないけれど、テキストで送られてきたとき、漢字が多い文面は「かたっ！」と思い、ひらがなで書かれた文章は「柔らかいな」と思う。それは、意味が飛び出してこない柔らかさでもある。

「よろしくお願い致します」「頑張って下さい」

「よろしくお願いします」「がんばってください」

どうだろう。見た目の印象で聞こえてくる音も違いませんか。

「四露死苦」

かなり野太い声が聞こえますね。漢字になった途端に意味を主張するようになる。カタカナは見た目のカクカク具合も相まって、音が軽やかだ。

「がんばって！」

「ガンバッテ！」

同じ音なのに全然印象が違う。

たまに「有難う御座居ます。今後とも何卒よろしくお願い致します」という返事をメールで受け取る。どこの侍が参上したのかと思う。確実に裃《かみしも》と袴《はかま》で参勤交代をしている。いや、これがご自分の言葉なら良いのですが、予測変換の仕業なのだとしたら、少し音を弱められても良かろうかと存じます。

同じように予測変換によってこうなったんだろうなというお気の毒な漢字は山のようにある。

「本を持って来てください」

「野菜も食べて欲しいな」

「仕方無いよね」

「ご飯を食べ始めていてね」

間違いか？　と聞かれたら、間違いではない。でも、「持ってくる」ことと「持って、来る」ことは映像が異なりませんか？　本を持って、どこか遠くから来るように思える。「野菜も食べて欲しいな」は、野菜を食べて＋何かが欲しいになってしまう。「仕方無い」は、仕方というものが無くなったという……いや、これは言い過ぎかもしれんけど、「無」という漢字の意味の強さにかなり引っ張られる。「食べ始める」も「始める」の意味が独走して感じられる。

予測変換は便利だけど、気をつけていないとすぐ自分のリズムを乗っ取られる。特に、急いでいると読み直さずに送ってしまうので、「ながれいいし」同様に、やがて私の音の顔をして居座ってしまうのだ。

送信前にひと呼吸置いて、書いた文章の「見た目の音」を確認してほしい。手書きだったとしたら、自分はこう書いただろうか？　と、漢字と平仮名のバランスを今一度、確認して欲しい。おっと、確認してほしい。

言葉には、意味があるからこそいいこともある。先日、原田知世さんのレコーディング現場で、作曲家の伊藤ゴローさんと制作についての雑談をしていたときのこと。私が「旅先でアイデアが浮かんだら、ボイスレコーダーに鼻歌を録るんですか？」と尋ねた。ゴローさんは「ううん、文章でそのときのことをメモしておくんだよ」と言うので驚いた。作曲の人は音楽で残すと思っていたから。ゴローさんはこう続けた。「だって、メロディの鼻歌だけ残っていたって、そのときの感動とか細かな状況は覚えてないでしょう。ドレミだけでなくて、そのときイメージした気配を言葉に書いておくんだ」

言葉や、ときにはイラストのメモによって曲ができていくのだそうだ。

メロディを引き出すのは音ではなく意味だったのかと驚いたけれど、感情の起伏とか、そのときの状況とか景色を正確に書き写せるものって、やっぱり文章なんだ。画家、写真家、音楽家、舞踏家。言葉以外で表現している人の多くが自分の言葉を持っていて、出されているエッセイや展覧会の挨拶文がおもしろかったりする。視点がおもしろいから、書いてもおもしろい。

日常で誰もが体験している意味のないようなことを、意味のあることとして書く。これが最高のサウンドだなと思うのだ。

文字は狭く閉ざされて 音は広く開かれている

一対一で自分の物になることが本の魅力だ。たとえ電車の中のような大勢の場で読んだとしても、他の人に共有されることなく読んだ人だけの物になる。音楽でいうならばヘッドフォンで聴くような、特別な環境だ。

一方、音は形のないものだから、ラジオやコンビニから勝手に広がっていってくれる軽やかさがある。音源を出してなくてもライブを重ねるうちにお客さんがその脳内に留めて、みんな歌えるようになるのはとても嬉しいことだ。

でも、音楽の作り手だった時代、「本のように音を物として持っててほしい」っていう欲求は高まった。バイト代をためてスタジオでレコーディングして今をとじこめることに憧れ、デビュー前に自主制作して手売りで3000枚を売りきった。私たちの時代は自主制作CDを出すのがスタンダードというか、オリジナルバンドをやっている誰もが目指すところだった。

今は、音楽のオレの物感は弱まっているのかもしれない。私はいまだに好きなバンドのアルバムはCDかレコードで所有しないと気が済まない質《たち》だけど、世の流れ的にはサブスクで聴くのが通常になっている。使ってみてその気軽さや便利さに感動する反面、CDやレコードを出し入れする動作は、音を物にする儀式だったんだなと痛感する。YouTubeでライブ映像を公開し、再生回数でバズったりして、そこからデビューしていく子も多いようだ。表現しやすい時代で羨ましく思う。東京に出なくても、どこにいてもチャンスがあるもの。

ただ、「再生回数＝音楽の評価」と考えることに私は多少の違和感を覚えている。行列が行列を呼ぶラーメン屋のように、評価のついたものが、作り手の正解になりはしないかということを心配してしまうからだ。自分の作りたかったものがいつしか、いいね印の方向へ寄せられていきはしないか。

褒められるのは嬉しいことだけど、〝知る人ぞ知る〟だって褒め言葉だったはずだ。それを職業にしていくかどうかで、変わらざるを得ないこともある。熱源が変わることが時には良い風を起こすこともあるから一概に良くないとは言えないけれど、表現が簡単にできるようになった分、前とは違った悩みがあることだろうと想像する。

一方、本の世界は、オレの物として一対一で向きあうのがデフォルトだ。音楽のように1対100、1対1000という広がりがない代わりに、よりディープに読み手に刺さるものでもある。「あの曲いいよね」よりも「あの本いいよね」のほうが、より限られた者同士の繋がりや共通の価値観、思想を想像させる。音に対して言葉はより論理的だからだ。

そして、読み終えるまでには数日から早くても数時間を要し、音楽のようにBGMにはならず、コンビニやホテルのラウンジから本の朗読が聞こえてくることもない。確実に時間を割いてそのものと向き合わなくてはいけないので、共感に至る難易度が高い。

音楽はなんて軽やかで広がりのある世界だったのだろうと、バンドをやめて初めて思った。作家という職業はなんて孤独で閉ざされた世界だろうとも思った。でも、だからこそ中高時代の閉ざしていた自分を救ってくれたのは本だった。大学に行って、そんな私を開いてくれたのが音楽だったように。

うちの近くの本屋さんに1日500人が来るとして、多めに見積もってそのうちの30人が私の本を眺めてくれるとしよう。うち何人が実際に買っていってくれるだろう。新刊を出す度に、ほうぼうの本屋さんを巡って「買え、買ってくれ」と念じる。夕方、自分の本は1冊も減ってないのに隣の新刊はぐんと減っていたりして、膝から崩れ落ちそうになる。音楽なら、どこかのラジオ局で流してくれた新曲をタクシーの中で聞いてくれて、「いいじゃん、このバンド！」みたいな広がりがあるのに、本の世界のなんと閉ざされていることか。何万冊とあるなかで自分の本を手にとってもらえるチャンスというのは僅かだ。

だから、音楽と同じように「いいね」がつきやすいものを正解と思って書いていくことも悪ではないと思う。誰かに依頼された需要のあるものを書くというのは、需要のある音楽を作るということよりも、私にとっては気持ちがすり減らない。色々な雑誌や新聞やweb媒体に寄稿するというのも、むしろ嬉しい。月に何本でも書ける。

だけど、月に何本もバンドで曲提供をしてくださいとなったらそれは難しかっただろう。言語はより自分の心や頭に近いから、息をするように書けるのかもしれない。音楽は身体表現に1回置き直す上に、それぞれの楽器の持つ言語を組み立てて1曲にするところで魂の会話を何度も行う。だから軽やかに見えて非常に難解な作りになっているのだ。もちろんそのバンドによるけれど、私たちはそうだった。

「自分の音を鳴らしまくった文章」がひしめくすごい場所がある

最近はKindleなどの電子書籍リーダーも普及してきて、町の本屋さんがなくなっている。反面、店主の個性が色濃く出る独立系の本屋さんは地方にもどんどん増えている。実家の近くにも古民家に小さな本屋さんができて、本を読みながらコーヒーやお抹茶が飲めたりもするので、地域のオアシスになっている。

みんなに開かれながらも、コミックや雑誌、ビジネス書などは置いていなくて、詩や短歌、絵本といった通常の本屋さんでは隅に追いやられがちな分野の本が中心なので、趣味の一致した人が来ることも多い。さまざまな人がコーヒーを飲みに来るけれど、本エリアに関しては一種の「鍵アカ」的な存在だと思うのだ。

そう、鍵アカの話を書こうと思っていたんでした。本の世界の究極の鍵アカは、共通言語の中で音を鳴らす文学フリマやコミケ、また、それよりももっと小さな単位で開催される地方のブックフェアだ。

2023年5月の「文学フリマ東京」は出店者2327人、来場者8453人で、合計すると初の1万人を超えたそうだ。来場者もさることながら、この出店者の多さにはびっくりする。

私も、数冊の同人誌で参加させていただいた。中でも、オムニバス歌集『胎動短歌』は、販売開始前から長蛇の列ができて、2時間で400冊を完売したとか。インディーズのMONGOL800やELLEGARDENがメジャーを抜いてオリコンチャートを賑わせていた時代を思い出す。

もっと小さいブックイベントもさまざまなコミュニティで行われている。私も昨年雑誌社が主催のZINE（自主製作の冊子）のイベントに出店し、いつもの出版畑の方とは違うコミュニティの魅力を感じた。選ぶほうも、内容だけでなく物としての可愛さ、造本、オリジナリティに着目している人が多かった。

まさにオレの音が鳴りまくっている世界。ミスドの思い出だけを集めたZINEや、A〜Zの頭文字で旅のお土産を紹介したイラスト集、描いたイラストから思いついた小説を365日書き続けた本など、偏愛の冊子ばかり。ためになるとか、教養とは真逆で、オレのノイズ100%なのだ。「ノイズ系書籍」というジャンルを作ってほしいくらい。Web上で完結する便利さとは対極の、この泥臭くてまったくスマートでないコミュニティの魅力は、少人数で分かち合う地方のライブハウスを思い出すような、濃厚で心の通い合うものだった。

サブスク全盛期にわざわざレコードを買って聴く行為が、本屋さんへ行って本を買うのと近いなと思っていたけど、さらに文フリは作った人が販売までを行い、人の手から手へと冊子が渡っていくぬくもりがある。「承知しました」の返信とは真逆の面倒くさくて温かい世界だ。整わないおもしろさや、だからこそできる遊びが詰まっている。大衆に届くものでなく、むしろクラスのひとりに刺さるものが売れていく。

読む文章を「音」で選べる時代

米袋を切って3枚貼りしたZINEが、そこで好評だったことに驚いた。普段のイベントならあまり見向きされないのに「なにこれ、こんなの見たことない」とか「すげー、ニッチな作りだ」と、手に取った人はみんな感動して買っていき、ついに手持ちがすべてなくなった。

普段のトークイベントの物販では、出版社から出ている整った本が売れるのだけれど、整ってないことをよしとする、つまり非常にアングラでノイズをよしとする人が集う場所なのだなと、嬉しかった。

一方、Webの文は、アプリのコンテンツの一つになるので流れていき、寂しいけど本のようにオレの物にはなりにくい。物としてのエモさがないからこそ、「意味」が頭に入りやすいものが好まれる。音楽のライブが後日映像化されるのとちょっと似ている。ひとり、冷静に液晶の中のライブを眺めると、感動よりも演奏の粗《あら》が目立つのだ。それが味だったはずなのに、意味のほうに寄っていく。

文フリ会場で作者を目の前に購入できるあのエモさっていうのは、ライブなんだな。それに対し、液晶の中で眺めるWeb連載は、読み流されることも含めて、その瞬間に意味が伝わる構成にする必要があるなと感じている。線も引かないし、ページの角を折ってオレ印にすることもない。けれど、今朝書いて昼には公開できるという瞬発力がある。印刷物は新聞だとしても半日はかかるしスペースも限られるけれど、Webは人のさまざまな生き方にフィットし肯定することができるという良さもある。

今は、50名だけに読まれるZINEから、本屋さんで100万部を突破する本、10秒後には流れていくWebの文章のように、自分で、自分の音に合わせて選ぶことのできる良い時代だなと思う。

「自分の音」を見つけるトレーニング

この章の最後に、仕事でも、プライベートでも、ちらっと自分の音を出しながら、自分の音を見つけるトレーニングをいくつか紹介します。

まずは、文章の見た目のリズムを意識することで、自分の音を持つためのトレーニングになると思います。漢字、平仮名の割合、さらに、改行の位置や、一文の長さ、句読点の数を変えるだけでも、伝わり方は変わります。そして、この人なら顔なじみだからいけるかも、という方には、「最近寒いですね」とか「こんにちは」とか、何か、いつもの型を崩すような文章を送ってみてはどうでしょう。

オリジナルの曲を作る前には、好きな音楽を聴きまくってコピーした時代があったわけだけれど、まずは、好きな本を読む時間を持つってのも大事だと思うのです。電車の中でSNSを見るのを10分やめて、本を開いてみる。そして、好きなジャンルや、好きな作家を見つける。
次は、声に出して読んでみる。好きな1冊を何回も読むのだっていいです。いや、むしろ非常にいいです。学ぶことで、自分を知ることができます。自分の気づきのあったページには付箋《ふせん》を貼り、気になった文には線を引きます。ボールペン、どきどきしますね、鉛筆くらいにしときましょうか。

本より楽しい場所のほうが好きだという人は、地方開催されている文フリやブックフェアもたくさんあるので、そういう場所に足を運んでみましょう。そして、ZINEやリトルプレスを作っている人の情熱に触れてみてください。「これなら私にも作れそう！」という冊子にたくさん出会いました。むしろそのいなたさが輝く世界でもあるから、とくに私のようなアナログおばさんには夢のような場所なのですよ。難しく考えない。楽しむ！　これ、なにを始めるにも大事ですね。本がしんどいときは、絵本や詩集を。

並行して日記を書いてみる。これ何度か言ってきましたが、日記は自分のリズムを知る基本になるし、繰り返すことで鍛錬になります。Twitterのように5行とか10行とか決めて、そこに収まるだけの分量を毎日書く。

何が難しいって、続けることが一番難しいです。私も日記は初日だけやたら長くて、三日坊主専門でした。ノンノン。初日の興奮は続かん。800字以上書くなですわ。前記したように、「今日は運動会でした」的な大きな話題だけ書くのでなく、ちょっとした気づき、心の機微を探しましょう。そうすると、スルーしていたことにも気づくようになる。視野が広くなるというより、視野が狭く深くなる。マクロよりもミクロを見つめることが物作りには大切と思うんです。

日記はたまっていく嬉しさがある。でも、しんどすぎる日は、何も書かず寝てよし。続けることだけを目標にしないで。書けないときは何も書かないでいいよ。詩人の友人は何年間も書かなかった時期があったそうだ。書くだけが書くことではない。見つめて、そして時に体に風を通して、内と外を行き来する。でも、忙しいときほど、言葉が湧き上がってきて暇なときほど何も出てこない、あれ何なんだろう。思考するための回路をいつもオープンにしているからかもしれない。

日記が1ヶ月続いたなら、次は日記を人に見せるんだと意識しながらもう1ヶ月書いてみる。プリンターで印刷して、ホッチキスでとめる。自分だけのZINEになるし、その後もしかしたら、誰かに読んでもらえる機会だってあるかもしれないよ。

私の好きな「いい音がする文章」

column 4

新聞記事とルポルタージュの音

会話文のリズムが登場人物たちの性格を作っていくように、地の文のリズムというのは、筆者の表情でもある。エッセイなどのように自分のことを書いた文でなくても、その横顔は見え隠れする。

新聞や情報誌のように、事実を伝えることを優先させる媒体の場合は、あえて表情を見えにくくしている。筆者の主観が入って、情報に偏りが生じることを防ぐためだ。

次の文は2023年6月2日の愛媛新聞の記事。

四国中央市新宮町新宮《しんぐう》で8月に開催する夏祭りを前に、地元住民らが5月28日、地域のシンボルで「赤橋」として親しまれている銅山川橋《どうざんがわ》周辺を清掃した。

きれいなまちで観光客らをもてなそうと新宮夏まつり盆踊り実行委員会が企画。約40人が参加し、新宮ダム管理所も動力噴霧器などを提供した。

参加者は雑巾・ブラシ・スポンジで橋の欄干の汚れを拭き、鎌で周辺の雑草を刈った。英国からの観光客も飛び入りで参加し、住民らに日本文化や地域の神社や信仰について質問。「新宮はいいところ」「これから四国遍路をしたい」と交流を深めていた。

実行委の真鍋啓二会長（53）は「予想以上の人が集まりうれしい。新型コロナウイルスが落ち着いた今年は行動制限なく祭りを開催できるので、盛大に行いたい」と意気込んでいた。

これ、私がエッセイで書いたなら、まったく違う文章になっていただろう。新聞は限られた文字数に、いつ、どこで、だれが、なにを、なぜ、どのように行ったのか。5W1Hすべてが入っている。いろんな悲しいニュースもあるなかで、これは地元の人にとっては、明るく前向きなお知らせだ。

8面の地方欄に掲載された記事なので、ほんわかモードだけど、もし他の面に視点を変えた記事として載せるなら、問題意識の強い記事になったかもしれない。新聞や報道も、筆者の音は抑えているように見えて、どういう目的で掲載される記事なのか、誰の視点なのかで書かれる内容は違ってくる。

このコラムでは、本棚の本を片っ端から和室に運び込んで、次から次に開いて、紹介してしまいます。大丈夫でしょうか。退屈してませんか。あ、私もやはり読む人のことを気にしているのだね。気にしはじめると、丁寧語になっている。まったく誰のことも気にしないで表現をするというのは本末転倒なのかもしれない。読む人がいなければ、表現にはならないのだから。

さて、もう少し書かせてください。次はルポルタージュです。私もいろいろな国を旅して、旅行記も出しましたが、ルポルタージュとしての紀行文はまた違っている。そこで見たことを冷静に正しく伝えるというのは、とても技術がいることだと思う。

報道カメラマンのロバート・キャパの書いた『ちょっとピンぼけ』は、世界中で話題になった。写真家が、写真でなく言葉で戦争の凄惨さを伝えた。私は東京に出てきてすぐの頃に、彼の属したマグナム・フォトの写真展に行ったことをきっかけにこの本を知った。記録として書き続けられた言葉は、彼の写真と合わさったとき、何倍にもその匂いや感情、またその中での日常を伝えた。

言葉にしかできないことがある。そう判断して、彼は戦場でカメラだけでなくペンを握ったにちがいない。

午後おそく、ドイツ軍は後退した。二十四の焼けた戦車と無数の戦死したドイツ兵とを残して。

私はあらゆる角度から写真をとった。砂塵の写真、砲煙の写真、将軍の写真、といったように。けれども、私の感じた、またこの肉眼で捉えた戦闘のあの緊張や劇的な場面を、真に撮《うつ》し得たものは一つとしてなかった。

［ロバート・キャパ、川添浩史・井上清一訳『ちょっとピンぼけ』（文春文庫）より］

悲しい現実や、危険や、カルチャーショックに遭遇することの多い貧困地域や戦闘地域のルポの中にも、独特のリズムと、文章の美しさを感じずにはいられなかったのが、辺見庸の『もの食う人びと』だった。

時代は変わっていく。この本も30年前に書かれたもの。アフリカを中心にエイズ患者が爆発的に増えていた頃だ。今は、特効薬ができてほとんどが治療できるようになったと聞く。もちろん、記録として残しておくことは大切だが、図書館の廃棄本の中には、こうしたノンフィクションものを多く見る。報道の役割をかねているからだろう。でも、事実を伝えるだけでなく、文体が美しい本は、何十年経ってもまた開きたくなる。

アナの家の、砲撃で吹き飛ばされた二階の窓から外を見た。どうして、人はこんなところで人を殺すことができるのか。ため息が出る。まるで一幅の絵ではないか。

それは、羨ましいほど美しい一面の緑の沃野なのだ。青空に綿雲があり、その下はどこまでも、光り輝く緑。民族も宗教も憎悪も超えて、ビロードのように高貴に輝く緑だ。

地味は明らかに肥えている。ところどころになにかの果樹。赤い実がこの風景画のアクセント。小川のほとりには、ずらりと菩提樹《ぼだいじゅ》だ。砲撃におよそ似つかわしくない。だが、丘の上には、赤、白、青のセルビアの旗がある。

［「菩提樹の香る村」辺見庸『もの食う人びと』（角川文庫）より］

死んだら、木の皮に包み、バナナやキャッサバ畑のすき間に土葬するという。土に還り、バナナやキャッサバの肥やしになるのだ。

陽が落ちた。

バナナ畑をとぼとぼ引き返した。一段高い丘から風が滑り下りてきて、またざわざわと葉を揺すった。幾万もの人びとのささやきに似て、気になった。
はるか遠くの闇を、野火が薄くオレンジ色に焦がしている。歩くほどに星々が冴え、いまはバナナ畑に降るようだ。

［「バナナ畑に星が降る」辺見庸『もの食う人びと』（角川文庫）より］

文体が静かに、美しければ美しいほどに、悲しみも深くなってゆく。旅先となるとすべてが非日常。何から何まで珍しく、全部に仰天してしまう。沢木耕太郎の『深夜特急』シリーズのように、旅そのものが目的の場合は、何が何ドルだったかというメモさえも記録することがおもしろい。速弾きのギタリストみたいで、私はあの本が大好きで、そこを目指して旅の本を作った。でも、エッセイとするなら、「何を書かないか」ということも重要なんだと思う。書くよりも書かないことのほうが難しく、そこがおもしろいところだろうなあなどと、この『もの食う人びと』を読んでいて思う。きっと、この本に収められた数倍のことがあったはずだ。どこを選び、書くのか。その時点で、私たちの音ははじまっている。それは、何に心を動かされたかということでもある。文の音は、その人の心の音でもある。

簡単には作れない音が、感性なんだろう。感性は生まれ持った部分もあるけど、生きていく過程で身についてきた反応のようなものだとも思う。

出会った本や、育った環境や、友達、時代、さまざまなことに影響を受けて感性はいつのまにか私を私にしている。感性がないなんて人はいない。

育った環境はどうすることもできないかもしれない。でも、日本なら本は図書館にさえ行けたら読むことができる。選ぶことができる。音を変えるヒントはたくさんある。音が変わればきっと生き方も変わる。逆もしかり。同じ景色を見ても、違うものが見えてくる。そう思う。

でも、私が洋楽のCDをあまり聴かずに環境音をヒントにドラムフレーズを作っていたように、何がいいかはわからない。無理をして読むよりは、好きだと思う1冊を大切に読むことのほうがいいのだと思いたい。

作詞講座

で伝えている

基本的

な

「書き方」

歌詞の半分は音だから、論理は気にして書いてない。とくに学生時代は好きに書いていた。その頃に私が作詞したのは『ハナノユメ』や『シャングリラ』『サラバ青春』『湯気』など、今聴いてもいい曲だなと思えるものが多い。いい曲なのは歌詞だけの効果でなくて、作曲や演奏、アレンジのおかげだ。歌詞だけを引っ張り出して読むと、衝動のまんまですね。上手ではないけれど「今、これを言いたいんじゃ」という熱がすごい。

作詞家志望の方向けに作詞講座をすることがある。講座の最初に言っているのは、情熱とか真心に勝るものはないということだ。言いたいことがない、というのが一番困った事態だと思う。

書きたいことがあるのなら3割はできたも同然。

その前提で、作詞講座でお話ししていることをいくつか紹介します。歌詞を書いたり聴いたりする中で私が気づいたことでもあるし、東京に出てきてからさまざまな先輩に教えてもらった虎の巻でもあります。

「いつ・どこで・誰が」を明確に

どのジャンルの文章にもいえることだけれど、いつ、どこで、誰が語っているかは、実際には書かないにしても設定として持っておいたほうがいい。「私」が語っていたのに、いつの間にか第三者が語りだすとこんがらがるし、過去、現在が何回も変わるというのも、文字数の限られた歌詞においてはとても技術のいることだ。

松本隆さんの代表作のひとつ『木綿のハンカチーフ』は、「いつ、どこで、誰が」が、何度も入れ替わる構成だ。全編が彼と彼女の交互のセリフでできていて、場所も都会と田舎が交互に出てくる。さらに時間の経過もあり、実はかなり難解な作りだ。だけど、そう思わないのは、ミュージカルのようにAメロ（彼氏）、Bメロ（彼女）と曲も展開し、人物設定や時間経過もしっかりわかりやすい構成だからだ。

語り手が男女二人なのに、女性（太田裕美さん）がひとりで歌うというのが肝だ。この曲のすごいのは、悲壮感がないこと。歌詞だけを取り出して見ると、田舎出身の自分としてはなかなか辛いものがある。男女のデュエットだったなら情感が出すぎて男性は反感をかっただろう。あえてポップな曲調にしたのも、そういう理由があるのではないかな。地方と中央の距離感が今よりずっとあった、昭和という時代を象徴する歌詞だなと思う。

このタイトルの意味を最後に知ったとき、身震いしませんでしたか？　化学繊維が流行った時代に「木綿」という一語で田舎の女性の純朴さや強さすべてを暗示してしまう、さすがとしか言いようのない歌詞だ。「涙拭く木綿のハンカチーフください」。化繊よりも木綿のほうがよく水を吸うという点でも上手いなぁと思った。

一方で、都会の男性が田舎の女性を想像するとき、また、田舎の女性が都会の男性をイメージするとき、この曲を思い出す人も多かったのではないか。

時代が歌詞を生み出すと同時に、
歌詞が時代を作ってきたとも思うのだ。

説明だとわからないように説明する

生徒さんでよくあるのが「説明しすぎ問題」。約3分〜4分の楽曲の中で過去と現在を混ぜるのは技術がいる。その時間経過を説明している間に半分くらいの文字数を使ってしまいかねない。

歌詞において説明ほど虚しいことはない。

それ、わざわざ歌わないといけないことか？　となる。小説ならまだいけても、説明を歌うと途端に野暮になる。でも書かねばわからない。最低限を押さえるという塩梅、これも技ですなあ。

吉田旺《おう》作詞、昭和の名曲『喝采』の構成もまた凄まじく完璧である。現在のステージに立つ私、過去の私、葬儀場の私、現在のステージと、かなり場面転換が多い。長編小説を読み終えたかのような壮大な物語が、たった200文字程度で歌われる。ほぼ感情は入らずに、終始情景描写で構成される。

ただ、説明とは違う。ステージとは言わず〈幕が開き〉と、亡くなったではなく〈黒いふちどり〉と、葬式ではなく〈喪服〉と歌う。説明だとわからないように説明している。そして、過去に切り替わるサビ頭で〈あれは三年前〉と歌い上げる。一番重要なサビ頭に、説明だ。これはなかなか震える。ここまでのストーリーが完璧だからこそ、満を持しての「あれは三年前」のタイムスリップ宣言だ。これがあることで、ぼんやり聴いていても過去の回想だとわかる。昭和の歌謡曲のクオリティはすさまじい。そして、歌唱力のある、ちあきなおみさんだからこそ、歌えた曲ということは言うまでもない。

過去に遡る系の歌詞はとにかく泣かせにかかろうとしてくるものが多い。でも、よほど好きなミュージシャンの恋愛事情でもなければ、他人の恋愛になんぞ興味を持たれないというのが厳しい現実だ。『喝采』くらい、

感情を書かず淡々とディテールを描くほうが余程感情が見えてくる。

それに、感情の部分は歌詞ではなく音が担ってくれるから、書き過ぎはすべてを幼くしてしまう。音を信じたい。

『神田川』の冒頭〈貴男《あなた》はもう忘れたかしら〉も、説明にならないように「今から思い出の話が始まりますよー」とアナウンスしている、上手な始まりだなと思う。そして、全力で泣かせにかかる。〈若かったあの頃〉でみんな元カノを思い出し泣くやろな。

いや、でもな、歌詞だけを読むと、赤い手拭いってある？　彼女湯冷めしまくってる、三畳一間って狭すぎではないか、などと突っ込みどころ満載よ。この曲は『木綿のハンカチーフ』と逆で、メロディを歌詞の情感に添わせたことで、歌詞がすべて泣ける方向に傾いている。日記みたいな歌詞の上、南こうせつさんの声もあいまって、さも自分も体験したかに思えてくる臨場感があるのだ。

メロディや音で言葉のイメージは変わるのだ。

BUMP OF CHICKENの『天体観測』は、そういったはっきりした言葉はないけど、

作詞講座で伝えている基本的

頭で〈二分後に君が来た〉だったのが、最後に〈二分後に君が来なくとも〉と現在になる伏線回収の美しさ。何十年も飽きられない曲は歌詞の秀逸さがある。

でっかい言葉入れすぎない

サビに「愛」とか「希望」とか「夢」とか、でっかくて抽象的な言葉を入れすぎると、歌詞が薄まっていく。もちろん、『恋《いと》しさと、切なさと、心強さと』みたいな、小学生の私でも「なんじゃこの曲！」っていう違和感が残るくらいに、意識的にねじ込んでいるのはさすがなんですけどね。

ここぞというときに使う言葉は、やみくもに入れすぎると、オオカミ少年になってしまう。真実味がないというか、心に刺さらず、するっと流れていってしまう。

可も不可もない曲になりかねんので、でっかい言葉は入れすぎんほうがいい。

「あの」「この」を入れすぎない

〈あの日　あの時　あの場所で〉といえば小田和正さんの『ラブ・ストーリーは突然に』ですが、この場合は、これ以外の言葉では置き換わらない。冒頭からサビ前まで、二人の出会いのストーリーが紡がれていく。そして完膚なきまでの〈あの日　あの時　あの場所で〉の3拍子。これが2つでも1つでもなく、3つ揃うことで、あなたと出会えた奇跡が大きくなる。

小田さんのような使い方でないならば、安易に「あの」「この」のような指示詞は、多出しないのがいい。上京後、いしわたり淳治さんや作詞家の先輩たちから教わったことだ。作詞講座などで生徒さんの歌詞を見ていると「あの」「この」を使いすぎて、情景が浮かび上がらないと思うものは多い。じゃあ全部細かく地名を出すんかい？　というと、それはそれでご当地ソングになってまう。

私が大学生の頃に作詞した『サラバ青春』では〈君とよく行った坂下食堂は
どうやら僕らと一緒に卒業しちゃうらしい〉というフレーズが出てくる。「坂下食堂」が「シーサイド食堂」とか、「とんかつ食堂」だったら、頭に浮かぶ情景はまるきり変わってくるだろう。固有名詞を出すことで思い出をいちいち語らなくてもよくなるのだ。学生が集まる坂下食堂という情報だけで、町並みが、ストーリーが、浮かび上がってくる。

ももいろクローバーZに書いた『空のカーテン』では、冒頭で〈昨日の失敗はお茶の中に入れて飲んでしまおう〉とあるが、最初は「ミルクティーに入れて飲んでしまおう」としていた。でも、「れにちゃん、ミルクティー飲むかな？」とディレクターさんと話し合い「お茶」のほうがしっくりくるなあと書き直した。ミルクティーを飲む食卓と、お茶を飲む食卓。数文字の中に見える主人公の生活や、人生さえも変わっていく。

私が作詞家になった直後、いきものがかりの水野良樹さんと作詞についての対談

な「書き方」

をする機会があった。彼は私と書き方が逆で、限定させてしまう言葉をあまり書かないと言っていた。聴き手の中でそれぞれの風景に置き換えて想像してほしいからだと。水野さんは、帰り道にいつもそこにある桜の木のような曲でありたいと言った。「きれいだねえ」と多くの人が見上げては、また歩いていくような。クラスのひとりにだけ深く刺さってほしいと思って歌詞を書いてきていた私とは対象的で、驚いた。

多くの人に届けるのだという意識をもって活動をしてきた彼は、私とは見えている景色が違うんだなと思った。そして、自分の心身でダイレクトに表現するバンドとは違って、作詞家にはきっとその目が必要なのだろうとも思ったのだった。

作詞講座で伝えている基本的

違和感を残す

先ほどの「でっかい言葉」とは対照的に、「具体的な言葉を入れましょう」と作詞講座でよく言う。歌詞も、日記を書く感覚でいいんですよと。ここまで紹介してきた歌詞も、具体ワードのオンパレード、日記のようでもある。

それと同時に、違和感を残すことも必要なテクニックのひとつだ。「流れていかない」ということだ。自分の書いた歌詞だと『シャングリラ』って何やねんとなる（実はこれは架空の人物の名前です）。毎回サビ頭に出てくるが、どこにもその答えはない。

違和感を残すというのが実は一番難しいことだと思っていて、10年、20年、これをやり続けるのはすごい。作詞家、松井五郎さんの代表曲『勇気100%』はみなさんも知ってますよね。忍たま乱太郎世代って30年以上続いているものね。サビの後半で

そうさ100%勇気　もうやりきるしかないさ
ぼくたちが持てる輝き　永遠に忘れないでね

と歌う。言葉だけ見ると、わかるようでわからない。「100%勇気」って、やはりわかるようでわからない。でも、今も地元の小学生がみんな歌っているのを見て、これこそ、論理でないところで言葉が人を動かしているっていうことだと思った。でっかい言葉入れすぎないと前述しましたが、松井五郎くらいになると、「100%勇気」という隕石（違和感）により、そんなことはものともしません。

岩里祐穂の『創聖のアクエリオン』のサビ〈一万年と二千年前から愛してる　八千年過ぎた頃からもっと恋しくなった　一億と二千年あとも愛してる〉にもびっくりたまげた。「一万年と二千年前から愛してる」は、百歩譲って私にも書けたとしよう。だが、ここから、まだ数字行くんかいと。サビ4行のうち3行で、数字を重ねて突き通す、それこそ100%勇気です。プロの作詞家がこれをやるってのは、きっと勝算あってのこと。そして大ヒットしているわけなので、脱帽としか言いようがない。

米津玄師『パプリカ』のサビ〈パプリ〜カ〉の優しい破壊力もさることながら、嵐に提供した『カイト』は、あの言葉が来るまでは家族の素敵な歌だなと思って聞いていた。そして、サビ最後「溢れ出す○○○○○」。さあ、この5文字にみなさんなら何と入れますか？

米津さんは〈ラル　ラリ　ラ〉と書いた。びっくりたまげた。まさかの音だけ。サビの最後はとても重要で、ひねって、おとして、ものすごくいい言葉を入れてしまいがち。だけどこの美しいメロディと美しい歌詞の最後に、さらに良い言葉を入れてしまうと、逆に聞き流されたかもしれない。まさに凧《たこ》のように、すごいバランスで飛んでいる曲だと思った。

書きすぎない

『カイト』は全部を言いすぎない美しさがある。歌詞は書きすぎないで、聴く人の想像力に委ねることも大切だと思う。楽曲やメロディは、言葉以上に感情を呼び起こす。ドラマの途中で綺麗な音楽が入ったら、ずるいわーと思う。まんまと泣いてしまうもの。音は言葉以上に私たちの心を揺らす。なので、言葉は腹八分目に。

それは絵本作りとも似ている。私が絵本を作るとき、絵が入ったあとで、言葉を3分の1くらいカットする。説明になってしまっては野暮だからだ。音楽も同じだ。詞先で書いていたものも、曲がついてから、書き直すことがある。曲になれば、不思議と言わなくても通じることが多く、言葉だけだったときは良くても、音がついたら重たく感じることがある。**言葉が意味を飛び出して、音になる瞬間を調整するのも作詞家の役目だ。**

ちなみにシンガーソングライターのａｉｋｏさんは、とある番組で「一度書いた歌詞はほとんど変えないんです。メロディのほうをはめこむ」と言っていたそうです（編集の今野さん談）。作詞、作曲が別の人である場合と、aikoのようにどちらも自分で作っている場合で、とらえかたは違ってくるんだろう。

歌詞と曲が同時にできていくという方もいて、その場合の多くは、歌詞を音としてとらえているのだろうと思うのです。

上手に書こうとしない

これもとても重要。**それっぽい歌詞を書かない**ということだ。

上手い歌詞と心が震える歌詞は別物だ。

どこかで聞いたことのある言葉で埋め尽くされている歌詞で人を感動させるのは

けっこう難しい。それは、社交辞令のような励ましの言葉が心に届かないのと同じだ。『勇気100%』とか、スピッツの歌詞のように、よく使われる単語を組み合わせて真新しい言葉にするというのは、簡単に見えて実はとてもテクニックのいることだ。

さらに、それを誰が歌うかで、その言葉の効果が何倍にもなったり半減することもある。秋元康さんが美空ひばりさんに書いた『川の流れのように』。

ああ　川の流れのように
ゆるやかに
いくつも時代は過ぎて
ああ　川の流れのように
とめどなく
空が黄昏《たそがれ》に染まるだけ

感情も奇をてらった言葉も入れていないのに、人生の無常観が湧き上がる壮大な曲だ。それぞれの人生を思い浮かべながら聴いてもらう人の想像の力に委ねている。ただ、この曲を駆け出しの歌手が歌っても、説得力はなかったでしょう。もちろんそこも見越して書いているわけです。作詞は歌手の方へ宛てたラブレターのようだなと思う。歌い手の人生、またはアニメや映画、ドラマなどの登場人物があってこそ、言葉は何倍にも輝く。歌は生き物だ。

日記のようなリアルを書く

生徒さんに「日記を書くように書いてみてください」と言うと、ぽんぽん言葉が出てくる。日記ほどオリジナリティーの高い作品はない。二番煎じの今日は存在しないからだ。もちろん全部がリアルである必要はないけれど、

生の言葉は技術を超える。

たとえば、鳥と聞けば「羽ばたき」がちである。または「大空」を「旅」しがちである。でも、農業をしていると、大半の鳥はわりと近場をくるくる回っているだけで、そんな大空まで飛ばないとわかるし、渡って海外まで行っている種なんてほとんどない。むしろ、土を掘ってねずみのように下から獣害防止ネットの中に入り、植えたばかりの大豆を食べていた。ひー。リアルは想像を超えるのだよ。いつだって新鮮な目で街を見つめて、日記帳ならぬ発見帳に書くことを勧めている。

大ヒットした、優里の『ドライフラワー』を聴いたとき、過去の恋愛をドライフラワーに喩えるなんて美しいと思った。しかし、よく聴くと、ドライフラワーが「残る」ものの象徴ではなく、「色褪せる」ものとして使われていることにギョッとした。〈君との日々もきっとときっとときっと色褪せる〉と言っていたのだ。これは本当にドライフラワーを部屋に飾ったことのある人にしか書けない歌詞だ。ドライフラワーとて永遠ではなく、次第に色が抜けて数年で捨てることになる。

表面的なイメージでなく、現象をときに科学的に分析して書くこと。

日頃から真理を追求する眼差しを持つことは、ペンを取る以上に大切なことだ。サカナクションの山口一郎さんは、次のように話している。

オリジナリティが潜むとするならば、それは、いま、見ているもの、感じていること、それらを探求していった先にしか、たぶん、ないんだろうなと。(中略)自分が書いた歌詞の意味が、突然「跳ねる」瞬間があるんです。想像してなかったような意味合いを、文章の連なりの中で、言葉がいつの間にか獲得していたというか。(中略)スタジオでセッションしていても「えっ、いまの何？」みたいな違和感が、急に降りてくるようなことがある。(中略)そういう「驚き」って、小手先の作為では、やっぱりダメですね。「リアル」というものに、どこかで触ってないと、訪れないんです。

感覚的なことを、とてもわかりやすく言語化されていて、まさにそうだなあと思う。もちろん全部リアルである必要はないんだけど、大きなことよりなるべく身近な小さなリアルを掘っていく。するとふいに大きな世界に繋がっていたりする。その一番ミニマムなところが日記なのだ。

［山口一郎他、奥野武範構成・文（ほぼ日刊イトイ新聞）『バンド論』（青幻舎）より］

逆説やタブーを入れてみる

『ドライフラワー』においての逆説に私は目を見開いたわけなんだけれど、こんなふうに、どこから光を当てるかで物事はまるきり色が変わる。**いつも当てられているのとは逆方向から光を当てる**ということを歌詞の中でときどきやっている。

「あなたが好きです」ではなく「あなたが嫌いです」と歌われたほうがドキッとしませんか。歌詞で言わなさそうなことやタブーを書くことも一つの技。作詞講座に来ていたコピーライターの方が「僕らのやり方と同じですね」と言っていた。私たちのような職種は、ハッとする言葉はまだまだ普通で、ギョッとする言葉をいつも探してしまう。

一世を風靡《ふうび》したAdoの〈うっせぇうっせぇうっせぇわ〜〉の一節。親戚の子どもたちがことあるごとに歌っていて、なるほど心の声を代弁してくれたことで解放されちゃったんだなあと思った。「ありがとう」は歌詞の中で何千回と使われてきた言葉だろうけれど、「うっせぇわ」は初めて聞いた。

タブーは、ときに人間の本心なのだ。

朝帰りの帰路を歌った吉澤嘉代子の『残ってる』も、かなりギョッとする。相手の存在が体に〈残ってる〉と連呼するサビの生々しさは恋の切なさなんてもんを超えて、鬼気迫るものがあった。普段言えない、タブーや、生々しい感情も歌になると芸術として昇華され、代弁者として、時代の常識を変えるほどの影響力を持つ。

ただ、そこに心（本心）があり、**歌い手の人生とリンクすればこそ人に届く**のではないか。嘘がいかんということではないが、嘘が見抜かれては興ざめするということだ。

私立恵比寿中学に書いた『朝顔』では、冒頭に朗読パートをつけ、夜に朝顔が咲くことから始まる。これは、実際にベランダで育てていた朝顔が、夜、部屋の灯《あか》りに向かって咲いてたのを見て、東京すげーなあと書いた歌詞だった。

常識を疑うことからおもしろいは生まれる。

そしてサビでは〈約束を破ります〉と歌い上げる。守ることが常識の「約束」を「破る」と。これはまだまだ青春期の彼女たちにだから書けた言葉だ。

他の言葉に置き換わらない言葉

俳句では、季語が他のものに置き換わらないことを「季が動かない」と言うそうだが、歌詞も音に言葉を乗せる場合に俳句のように文字数が決まっている。決まった文字数、曲調の中に言葉を入れるとなると、「その単語でなければならない」強さがいる。

前述の『朝顔』は同じ夏の花でも、「ひまわり」ではなく、1日咲いて萎《しぼ》む朝顔でなくては駄目だった。それに東京のベランダという設定上、朝顔の鉢のほうがリアルだ。ということで、これは他のどの花にも置き換わらないとなる。

『木綿のハンカチーフ』『喝采』『神田川』など、長く世に残る歌詞を分解してみると、どの単語も他の言葉には置き換わらない強さがある。

自己満足で終わらない

昭和という時代を作った一人、作詞家の阿久悠は著書『作詞入門　阿久式ヒット・ソングの技法』の中で、「作詞においてのタブーはなくなった」と書いた。戦争という黒い時代から解き放たれた日本の歌謡曲は、自由奔放になっていく。商業音楽の全盛期でもあったが、子どもの耳を塞ぎたくなるような過激な言葉を女性アイドルに歌わせたりと、歌は、いつも時代の代弁者だった。

そして、作詞家が最も活躍した時代だ。5000曲以上もの歌詞を世に送り出した阿久悠は、同書の中でこんなことも語っている。

作詞に残された唯一のタブーというのがある。
それは、商品なのだから、自分だけがわかることばはいけないということである。

作詞講座で伝えている基本的

このパートの最初に私が書いた「書きたいことがあるのなら3割はできたも同然」というのを読んで、編集の今野さんがその低さに驚いていたけれど、ここからがスタートと言っても過言ではない。阿久悠はこう続ける。


いずれにしても、どこでなら相手とおちあえるかを、本気でつきつめてみなければダメだ。

それをやらずに自分の気分だけで書いた詞は、相手に届かない。

相手に届くというのは、同感でなくてもいい。反発であってもかまわない。

何か、相手の興味を引くものでなければ、商品とはいえないのである。


「商品」というのが露骨だけど、作詞をしてお金をもらっているのだから、確かにそうだ。バンドをしていたときは、その意識はほとんどなかった。「伝えたいことがあれば7割できたも同然」と思っていた。そこが、作詞家とバンドの大きな違いだと思う。「桜の木のようでありたい」と言っていた水野良樹さんは作詞家目線で、

「クラスのひとりに深く届けたい」と言う私は、バンドマン目線だったんだ。
バンドマンでも曲を商品と思っている人はいるだろうけど、少なくともまずは自分たちのために作っていると思う。クラスのひとり、それはかつての自分だった。

作詞家は歌い手のために書く。

書きたいことというより、書くべきこと、その人に歌ってほしいことを書く。さらに、**すべてオーダーメイドでないといけない**。たとえ、コンペに落ちて使われなかったとしても、私は、使い回しはできない。曲ならそれができるかもしれないけれど、

歌詞は音でありながらも半分が意味だからだ。

作詞講座で伝えている基本的

しかし、意味よりも音

阿久悠は「詞は文学ではない」とも言っている。私も、これに関しては実感ありあり。

歌は、レコードという音を通して相手に伝えるものだということを忘れている人が多いのではないか。詞は、文字で伝える詩とは決定的に違うのである。

［以上、阿久悠『作詞入門　阿久式ヒット・ソングの技法』（岩波現代文庫）より］

歌詞の半分は音だ。

特に、曲に言葉を当てはめていく曲先《きょくせん》の歌詞は、文学部よりもどちらかというと理工学部、たとえば物理や天文学の人のほうが得意かもしれない。実際、作詞家に話をうかがうと、言葉をパズルのピースのようにとらえていて、ポップスや曲調の速いものは、そのピースを（　）の中に埋めて全体像を作るというスタイルが多い。**意味よりも、音としての響きや、その言葉の持つ雰囲気みたいなものを信じている**感じがある。

バラードなどは聞きながら意味をしっかり理解する猶予もあるので、詩と近いと思うけれど、YOASOBIみたいな、ぐるぐるスピード感のあるメロディの歌詞は、まさに言語が音と一体化している。ちらりと見える言葉の意味が逆にとても力ラフルに迫りくる。コンマ5秒で鼓膜から心に入ってくる言語は刺激的で刹那的で、あんな難しい曲なのに幼稚園児が必死に歌っていたりするのも、音のすごさだ。

作詞講座で伝えている基本的

晴れやかな音・くぐもった音

歌詞の音については次の第5章にたっぷり書きますのでそちらを読んでもらえればと思うのだけれど、ここでは、言葉の語感が持つイメージについて書こう。

最近歌詞を書いた原田知世さんの『インディゴブルー』は〈マフラーをぎゅっと結んで〉という始まりだ。「ま」と声に出してみてほしい。わりと口は大きく開き、聞こえやすい。それに対して「ふ」はほとんど息である。冬の曲なので、少し寒くくぐもった響きがいいなと思った。それで「マフラー」を頭にしてみた。

続く言葉も抜けてしまっては良くない。「ぎゅっと」は抜けていかない、密度の高い音だ。「ふわっと」「そっと」だと、抜けていく。がぎぐげごのような濁音は重さや硬さもあって存在感があるし、ぱぴぷぺぽのような半濁音は、華やかで音が飛んでいく。「ハッピー」とか「パーティー」の明るさは、音からもきている。歌詞も音的に華やかになる。小さい「ゃ」「ょ」を混ぜる「拗音」を入れると、さらに留まる率は高いぞ。『シャングリラ』も無意識下でそれをしていたし、原田知世さんに書いた『銀河絵日記』も「ジョバンニ」から始まっていて、これは意識してそう書いている。

いきものがかり『じょいふる』の〈JOYとJOYとJOYとJOYとPOPなベイベー　JOYとJOYとJOYとHAPPYなピーポー〉というサビは、まさに華やかに跳び上がる単語のパレードで、曲もあいまってヒットのお手本のようなサビだと思う。

言葉の持つイメージは、意味とは別に、実際に口にしたときの音の通りやすさとか、くぐもりとかと関係していることが、さまざまに書いてきてわかることだ。「死亡」は口がほぼ開いてないのに対し「誕生」は大きく口が開く。「明日」と「昨日」、「希望」と「絶望」、「太陽」と「月」。口の開閉だけではないけれど、その音が持つ雰囲気というのが意味を押し出していると感じる。だからこそ、

作詞家や作曲家は、意味以上にその言葉の音が持つ

雰囲気を信じて言葉を操るのではないかと思う。

他にもいろいろありますが、これでは作詞講座の本になってしまうので、このへんでおしまい。これらのノウハウは、文章の強度を上げるという意味で、作詞だけでなく文章全般に言えることだと思う。オリジナリティを意識する前に、まずこういった基礎を一つずつクリアしていくことが重要だよと、講座でお話しする。

真っさらな頭で参加した初心者のほうが、めきめき腕を上げることが多い。「いっぱい書いてきた」よりも「新鮮な眼差し」のほうが、作詞においては重要かもしれない。ここに書いたような技術は、聞く耳を持ち、練習をすれば、いくらでも上達する。それよりも、世界を見る眼差しのほうが大事だ。

それでいくと、子どもに敵《かな》うわけがない。

でも、感性を磨くのも鍛錬なんよ。

年を重ねれば重ねるほどに、蓄積したものを疑い、新しいおもしろさを受け入れる軽やかさを持っていたいと思うのだ。

第5章

「音楽」にとって言葉とはなにか

「あの曲の歌詞いいよね」

という会話をよく耳にしますが、
それは、本当に言葉だけの
功績でしょうか？

ここでは、音楽の世界で唯一、意味と音の両方を持つ「歌詞」と音の関係をひも解いていきましょう。

人生の大半を音楽と共に生きてきた私は、言葉だけが言語ではないと思っています。「音で会話する」と聞いたことありませんか。意味や論理で会話することの多い現代に、音だけで会話する人たち。ミュージシャンです。ライブステージで、音で会話する彼らを想像しながら読んでください。

私がチャットモンチーだったころ

文字ができるずっと昔から、人は会話でコミュニケーションしてきた。文字を持たず口承で文化を受け継いできた人々や、同じく文字を持たず、遠くに住む人への伝達に太鼓を使ってきた民族も存在するという話を第1章で書きましたね。

それに近いのがミュージシャンじゃないかと思う。言葉ではなく音で意思疎通している人たち。楽器を操る人たちが神々しく見えるのは、自分たちだけの言語を持っているから。ステージを降りた今、すごくそう思う。

作家になる前、私は2011年まで約8年間「チャットモンチー」という※スリーピースロックバンドでドラムを叩き、作詞もしていた。言葉以外であれほど会話できていたというのは奇跡的な体験だった。

バンド時代、私たちはよくおしゃべりしたけれど、ほとんど会話をしないバンドもいた。でも、一度ライブが始まるとぴったりの呼吸で最高にカッコいい演奏をする。音で毎日会話をしているから十分なんだなあと思った。私たちも、相手の音を聴きセッションしながら曲を作っていると、言葉を交わしていないのに気持ちや体調がわかった。あれはまぎれもなく会話だった。

中学、高校、大学とやってきた吹奏楽やオーケストラは、楽譜があり指揮者がいる。指揮者の合図に合わせてテンポを上げたり、止まったり、弱めたり。しかし、バンドには指揮者がいない。誰が指揮者かというと、一般的にはドラムである。私が走ればベースもギターもボーカルも走ることになるという、司令塔的な役割だった。

文字は走りながら書かない。頭で考え、さらに何度も書き直して仕上げることができる。電子音楽はまた違うかもしれないが、バンドのライブはその場で瞬発的に人の体を使って作られる。いわばコミュニケーションによって築かれる芸術だ。だから、たとえばベースの人が体調不良なんかで休んで、他のベーシストが入った場合、グルーヴが変わるというのは当然のことなのだ。音は人そのものなのだから。

ライブは一緒に歌っているのに近い感覚だったが、曲作りはまさに会話だった。私たちの場合、メンバーそれぞれが歌詞を書いて、そこにボーカルのえっちゃんがメロディをつけ、最後にスタジオにこもりそれぞれの楽器を鳴らしながら編曲をした。これが最も重要で、楽曲を活かすも殺すも編曲次第だ。ベースがそういくならドラムはこう絡も

※ボーカル／橋本絵莉子、ベース／福岡晃子、ドラムス／高橋久美子

う、ここでリズムに変化をつけようと、セッションを繰り返しながら作っていく。

もちろん肝心なところでは「さっきのフレーズのほうが良かった気がする」とか「ここでドラムはブレイクするわ」とかしゃべるんだけれど、そもそも楽器の爆音に満たされた空間なので、マイクを通さなければ言葉は伝わらず、楽器が声の役割を果たしていた。私たちは音で会話をし、城を建てるように1曲に組み立てていった。編曲はものすごく感覚の研ぎ澄まされる時間で、数日ですんなりと編曲できることもあれば、だんだんとカオスになってしばらく寝かすこともあった。

さらに、ライブは生の「会話」そのものだった。途中でブレイクを入れる構成の曲もあるのだけれど、ステージには指揮者もメトロノームもない。私が腕を振り上げて、阿《あ》吽《うん》の呼吸でジャーンと三体の音が合わさる。その快感を超えるものは未だにない。とてもスリリングで無敵な会話だった。「息が合う」とは、まさにこのことだ。合うということはバンドメンバーの二人も寸分違わず同じ呼吸だったということだ。もちろんライブに向けて三人でのリハもするけれど、練習だけでは補えない体感が音楽にとっての肝なんだと思う。特にドラムという楽器はダンスとも近い、より感覚的な分野だ。

「踊れないやつは人を踊らせられない」

上京したての私がドラムの師匠から最初に言われたのは、「練習よりまずクラブで踊ってきなさい」ということだった。「踊れないやつは人を踊らせられない」と。当時の私はキョトンとしていたけれど、今になると私も後輩たちに同じことを言っている。**「まずは、体が踊るとはどういうことかを体感してきなさい。それができてからのオリジナリティーだ」**と言いたかったのだと思う。

それからというもの、こっそり終電でクラブに行った。暗闇の中、低音のビートがお腹に響いて勝手に体が動いた。聴くというか体に刻まれるようだった。あそこにいたら誰だって踊ってしまう。踊ってみてわかりました。踊るって最高に楽しいんやな。そして、ビートは体に染み付き宿るものなのだと。ドラムは人を踊らせる楽器だから、体が踊るという感覚を知らなくては人を踊らせることもできない。当然のことだった。

アンプを通さないドラムはより身体と直結している楽器だ。同じドラムセットを叩いても、その人の身長や体重によって違うサウンドになる。特に足でビーターを踏んで音を鳴らすキックドラムの重低音は、体重、主に使う足の重さに比例していて、ファットな音を鳴らせる大柄な男性ドラマーが羨ましかった。私はドラム椅子に、より浅めに腰掛けて、右太ももから先の重さすべてをビーターに落として叩くことをはじめた。キックドラムの中に毛布を入れたり重りを入れたり、重さが出るような工夫も試みた。

ドラムは見ての通り、四肢をバラバラに動かす全身運動である。2時間半のライブを1本終えると、絞れるほどにTシャツは汗だくだったし、食べても食べてもお腹が空いた。ミュージシャンでありアスリートだった。農作業以上の体の疲れと爽快さがあった。

「叩くビートは心拍数に比例する」とも言われた。緊張してステージに上った日、自分ではテンポ120だと思って叩いたビートが130くらいだったことがあった。緊張で脈が上がってしまっていたのだ。また、ある日、お酒を飲みながらセッションをしたらいつもよりぐんとテンポが上がっていたこともあった。これもまたアルコールで脈が上がっていたようで、後日ビデオを見てあちゃーと思うわけだ。

練習を重ねると、どんなに緊張して頭が真っ白になっても体が勝手に動いてくれた。鍛錬とは、脳みそではなく体に記憶させることなのだと思った。クリック（メトロノーム）を聴きながら個人練習をするうちに、テンポ114と言われたら、マシーンのようにそのテンポで叩けるようになった。

でも、こういう練習はちっともおもしろくない。自分のビートを機械に支配されるようだった。レコーディングでも、ドラムだけがクリックを聴きながら叩き、二人は私のドラムを指揮にして演奏した。鼓膜でカッカッカッと鳴り続けるクリック。ここは突っ込みたいのに。ここはもたりたいのに。ライブでのテンポ感が定着している初期の曲は特に、クリックありのレコーディングがやりにくかった。

ある日、少しでも楽しくなるように、師匠がクリック音をカウベルに設定してくれた。自らが叩いて録音し、私のヘッドホンにカウベルチャンネルを作ってくれたのだ。

「南米の人が横でカウベル叩いて踊ってると思ったら、ちょっとは楽しくなるでしょ。クリックに叩かされてはダメよ。向こうがこっちに合わせてると思えるようになるまでになったら楽しいよ」

確かに。陽気な人がカウベルを叩いてくれてるように思えてきた。師匠の三原重夫さんには、音楽の根本的な楽しみ方を教えていただいた。カウベルとのセッションやと思えばええんか。ちょっと楽しくなってきた。考えようで物事は好転する。レコーディング現場でしょげている私を三原さんはよく励ましてくれた。みんなが休憩中とか、ドラムチューニングの合間に、私にだけ聞こえるような小さな声で。

ドラムというポジションの肩身の狭さみたいなものも、よく知っていたからだろう。

自分のやり方だけを突き通し、私は一切クリック聴きません！　と言えることもかっこいいけど、トライして、選べるようになるというのがプロの格好良さなんだと思った。CDになり何度も何度も聴かれることを想定すると、安定したリズムは必要だ。バンドの心地よいリズムの揺れはグルーヴという最高の名を授かっている。そのグルーヴを出せるようになるのも実はこういったそれぞれのパートによる地味な鍛錬あってこそ。おかげで、私のバンド在籍時の後期のほうは、あえてクリックを聴かずにアナログレコーディングできるようにもなっていった。

ただ、ライブのステージ上では、クリックを聴かず、バンドならではの揺れを楽しんだ。それだけは譲れないことであり、当時の私たちのバンドの一番の魅力だったと思う。クリックは、レコーディングなどでは必要な技術とは思うけれど、きっちりと毎回同じテンポで演奏することがバンドの良さと比例するわけではない。

『バンド論』の中で、bonobosの蔡忠浩《サイチュンホ》さんは、次のように語っている。

人間が楽器を演奏する場合、譜面には現れないヨレとか強弱が出ます。シンプルな編成では、そういう部分がとくに重要になるんです。でも、そこで、ロックを記号的に解釈してしまった場合、音楽が機械的になって、ごんごんつまらないものになる気がする。（中略）譜面を渡したらすぐにボロロンと弾ける人は多いんです。時間と労力をかけずに高いクオリティで音を出してくれるけど、でも、そのままで……つまりスタジオミュージシャン的なメンタルのままでロックバンドに入ると浮いちゃうんです。（中略）ある種の記号性を帯びたままの状態だと、バンドに入ったときに、そこをすり合わせるのに苦労するというか。

［山口一郎他、奥野武範構成・文（ほぼ日刊イトイ新聞）『バンド論』（青幻舎）より］

はい、もう本当によくわかります。バンドは共通言語を持ち合わせているかが重要だ。それは譜面が読めるとか、楽器が上手に演奏できるとか、そういうことではない。格好良さの基準という共通言語である。

蔡さんの言うように、新しいバンドメンバーが記号性を帯びていた場合……文章で喩えるなら、前記した「お世話になっております」とメール頭で書いてしまうような常識人であった場合、これを崩し、すり合わせるのは至難の業。

文章も、音楽も、下手な分にはいくらでも伸びしろがあるけれど、既に固定観念ができあがった中で記号的に書けたり弾けたりしてしまうほうが、バンドという括りにおいては厄介かもしれない。

「いい音楽」と「上手い音楽」は違う

レーベルの社長が、デビュー直後のライブの打ち上げの席で、素晴らしかったと褒めてくれたあと、「上手くなりすぎるなよ」と言ったこともずっと忘れられない。地元の先輩たちには「もっと練習しないと！」と言われていたので、わけがわからず、ぽかーんとしてしまった。その真意は下手でいろということではなく、「自分に慣れるな」「小手先だけのミュージシャンになるなよ」ということだったのだと今思う。

上手くなるより、初期衝動のエキスが失われることのほうがバンドとしては致命的だろう。上手いと素晴らしいは別物だ。それは、歌詞や小説においてもそうだと思う。下手でも素晴らしいものはある。反対に、上手くても心に響かないものもある。いつだって魂を燃やすことを忘れるなと社長は言いたかったんだな。

自分の音が鳴らせているか。自分の言葉を紡げているか。私は今も社長の言葉を思い出し、自分に問う。

ミュージシャンは、陽と陰の二面性がある職業だと思う。お客さんは、ステージの上の姿しか見られないわけだけれど、表に出てないとき、彼らはこもって制作している。制作が好きというミュージシャンもいれば、ライブが好きという人もいる。レコーディングは全部完成しているが、ホテルに缶詰で歌詞を書き、ボーカル入れをするというのもよく聞く。想像しただけでお腹が痛くなる。

数ヶ月地下のスタジオにこもって緻密にフレーズや音を作り上げる作業は、執筆をする日々と近かったなと思う。今の私の生活は、毎日曲作りとレコーディングみたいなもんだ。作家は作品が完成してもライブがない。私の習性上、リリース記念のトークイベントみたいなのをすることで初めて誰かに届いているんだなという実感が湧く。

曲作りは孤独だった。と言っても、バンドの場合はメンバーがおったから、今の私の執筆活動のほうがよほど孤独だ。でも、同時に気楽さもある。たとえるなら、**執筆は宅録だな。**単発のエッセイなんかはちょっと違うけど、長編の小説を0からこつこつと練り上げていく作業は、きっとひとりで宅録を進めるミュージシャンに近いだろう。そうか、私は今、毎日宅録してるんだなと書いていて腑に落ちてくる。

バンドの場合、たとえリーダーひとりが作っても演奏者が数人いる。でも、米津玄師さんのように宅録を行うミュージシャンは、作詞作曲からはじまり、すべての楽器のフレーズを考え、それを自分で演奏したり、打ち込みで録音するわけだから。すごすぎやしないか。オーケストラをひとりで動かしているようなものだよ。いや、でも、宅録の方々からすると、感性の違う人間が集まって一つの作品を作るバンドのほうがすごいじゃないかと言うのかもしれない。

いいバンドは、一緒に揺れたり、もたったり、そのバンドだけのグルーヴがあり、それは、決してひとりでは編むことのできない唯一無二のそのバンドの「会話」である。同じ楽曲を何百回ステージで演奏しても、その日だけの「会話」があり、毎回が初めてのようにドキドキした。私たちは、その日によってさまざまに変えながらツアーを回った。会場の盛り上がりとか演奏者の気持ちに呼応するように、感情が演奏にダイレクトに反映されることもバンドの魅力だ。

書き言葉はある意味、クリックに合わせた演奏のように冷静で、しゃべり言葉はよりエモーショナルで原始的なバンドサウンドに近いなと思う。冷静に「書く」ということも、言葉を音として「鳴らす」ラジオや、朗読も、どちらも魅力的だ。何より、自分のリズムを持つことを恐れないでいたい。

音は年齢も国境も越える「言語」である

音楽は、奉納や祈りや祭祀《さいし》、また自然の中から派生したアニミズム的なものから、今日のような芸術に発達していった。言葉のわからない0歳から、100歳を超えた大先輩にまで届く、原始的な言語だ。音楽を前にすれば、国境さえも関係なく、言葉の違いを軽々と飛び越えていく。そんな経験をこれまでに何度もした。

アメリカでライブツアーをしたときのこと。夜は毎日のようにライブハウスやフェスに出演した。1日2公演という日もあり、お昼は野外ステージや時には大きなレコード屋さんで演奏した。商品ワゴンを端に寄せ簡易ステージを作り、ライブが始まる。ライブハウスだと既に私たちが出ることを知って来てくれているアメリカのファンが多かったので盛り上がったが、たまたまここに居合わせた人にはどう届くだろうか。私たちの強みである歌詞が伝わらないからなあ、と不安に思っていた。

10年以上前だったが、アメリカではタワーレコードもすべて潰れてしまって、時代はCDから配信やサブスクに移行していた。よって会場の中古レコード屋さんに来ているのも中年以上の耳の肥えた音楽ファンが多かったように思う。演奏がはじまって、最初は買い物客が遠巻きにぽつぽつと見ている様子だった。

けれども、1歩、2歩、人々がステージに近づいてくる。誰も立ち去ろうとせず、次第に人垣が広がっていった。ライブハウスのように大盛りあがりではないけれど、確かにお客さんの体が揺れている。人々の目が開いていく。その後のCD販売は長蛇の列になった。「あなたたち、かっこよかったわよ！」多くは高齢の音楽ファンたちだった。私は、音楽のすごさを知った。**歌詞は音楽の要素の一つに過ぎないのだ。言葉の持つ「意味」を越えて全人類に届けられるのが音なのだと実感した出来事だった。**

また、旅先のモロッコでサハラ砂漠あたりの多民族が住むエリアに宿泊したときのこと。その日出会った人同士で夕食を一緒に食べることになった。そこで驚いたのは、ドライバーさんや宿の方に民族楽器を渡すと、たいていの人が臆することなく楽器を叩いて踊りだしたことだ。日本でこれをやると「楽器できないんです」と断る人が多い。しかし、モロッコのその街では、太鼓を渡せば子どもも大人もみんなビートを奏でた。それは私には聞き慣れない、彼らのリズムと音楽だった。「多民族国家だからこそ、昔から音楽が言葉の役割を果たすのです」と現地の案内人が言っていたのも印象的だった。音楽は彼らにとっては言葉以上に意味をもつコミュニケーションツールだったのだ。音楽や歌には、言葉のような論理も意味も必要ない。理論や技術ではなく本来の音楽はそういったものを超越した、もっと自由で感覚的なものだ。

先日、同郷のご住職、白川密成《みっせい》さんとトークイベントをした。白川さんは、著書『ボクは坊さん』などからも感じるが、お坊さんというイメージに納まらないパンクで人間臭いところもイケてるなぁと思った。イベントの最後に、私のリクエストで真言《しんごん》や陀羅《だら》尼《に》を読んでくださった。仏教はインドから伝わっているというのはみなさんご存じだと思うのだけれど、お経のほとんどはサンスクリット語（梵語《ぼんご》）だ。法事や葬儀で何度となく唱えてきたが、改めて考えると、何千年も経っているのに未だに梵語のままなのだ。渡された資料も梵字で書かれ右にカタカナのルビが振られている。

オンアミリタテイゼイカラウン

オンコロコロセンダリマトウギソワカ

あ、なんか聴いたことある、という人もいるかな。来てくれた方全員で唱和する。意味はわからないけど、音の響きは懐かしく、部屋全体が一つになっていく。

次は陀羅尼という長いお経を密成さんがひとりで読んでくださった。

ノウボウアラタンノウタラヤ

アヤノウマクアリヤミタバヤタタ……

ちょっともう、インドのラッパーみたいに感じられるわけです。このあたりになるとプロの世界を見せつけられ、唖然と聴いているしかなかった。よく舌を噛まずに唱えられるなあというスピード感で。うちが檀家のお坊さんとはまた読み方が違っている。お坊さんによってリズムも、伸ばし方も音程も違う。歌い手のように、それぞれにリズムや自分の音を持っているのだ。

それにしても、ここまでずっと梵語、梵字できているということには驚いてしまう。そろそろ日本語に訳して唱えられてもいいものを。それは、現代の街中にぽんと現れる城のような存在感だ。

「音自体がありがたいものを生成するので、そのままに読むのです。音に意味が込められているから、変えてはいけないんです」

と密成さんが仰っていたのが印象的だった。音自体に意味がある。それは、転んだときに母に「痛いの痛いの飛んでいけ」と言ってもらうと痛くなくなっていったのとも似ている。これは、私の場合父や祖父ではダメで母だから効力があった。おまじないなんだなあ。お経も、お坊さんが読んでくれるから、より効力があり、集まった人の声が重なってそれがうねりのような言霊になるのを感じた。

友人のライブに行き客観的に音楽を観ると、21世紀の音楽でさえ、文章に比べると感覚的で原始的で魔法っぽさがあるなと感じるのだ。ステージにいる友人が、ちょっと神様みたいに見える瞬間さえある求心力。自然と体が揺れたり、理由はわからないけれど涙が出たりするような。それは論理ではなく、お経やおまじないのように、声が、音が、心に直接触れるものだからなのだろう。

自分の独り言が知らない誰かのものになっていく

歌詞のすごいところは、意味という動きようのなかった岩がメロディという羽をさずかりどこへでも飛んでいけるということだ。本の中の文たちは、歌詞を羨ましがっているだろう。詩集やエッセイ、小説は本の中でしか存在しない。本を手にとって読み切った人だけが、その世界を見ることができる特別な世界。だからこそ、思春期の私を守ってくれた場所だった。

どこで読んでも、その世界の場所を作ってくれるのが本だった。音派の私たちとは反対に、耳からの情報は上手に処理できないという友人もいる。本だったら1日に数冊読めるというのに、ラジオとか音楽は受け止めきれないのだそうだ。理由を聞くに、ラジオもライブも、自分のペースでなく相手のペースで聴き続けなくてはならないからだそうだ。続きは明日、と閉じることができない、と。なるほど〜。

本は、閉じても昨日の続きから待ってくれている。誰かとの共有が前提でなく、私と本の世界だけだ。だから「あの曲聴いた？」より「あの本読んだ？」で繋がれる人は、さらに深い運命に近いものを感じてしまう。ジブリ映画『耳をすませば』で図書カードに、必ず自分より先に名前のある天沢聖司くんに、私含め、多くの読書好きが憧れたのも納得ですよね。

音楽になった歌詞は、コンビニから、ラジオから、スーパーから、音というもう一つの形に変身して飛んでいくことができる。本が土ならば、歌詞は風なのだ。より大衆性、共感性がある言葉ということだ。

中学生の頃から詩を書いている。誰にも言えない気持ちをもんもんと書き綴《つづ》って机にしまい続けてきた。大学でオリジナルバンドをはじめると、詩が歌詞になった。独り言のつもりだった詩が、学祭とかライブハウスで披露されるようになっていって、ついにはCDになり、武道館とかMステで歌われ、コンビニで流れるようになる。つまり、私だけのものでなく、知らない誰かのものになっていった。

自分の独り言を、「わかるわかる」と言ってくれる人が全国にこんなにいるのかと驚いた。

歌詞は歌われて完成する

私が書いた歌詞が完成するのは、ライブでその歌手が歌ったときだ。歌い手に渡ってはじめて物語に色がつき、この曲はこういう名前だったんだと、正解を知る。私たち制作者は産みの親で、歌い手が育ての親という感じでしょうか。歌い手とともに5年、10年歌が育っていくのを見ると本当にありがとうという気持ちになる。

想定していたのと全然違う！　と驚くこともあるけど、何回か聴いているとそれが正解になっていく。こんな風に歌ってほしいとは極力言わない。でも、こんな思いで書いたということだけレコーディング前に伝える。正解はその人が気持ちよく、その人の音で歌うことだから。

けれども、逆に「どんな風に歌ったらいいでしょうか」と、作者の世界観を大事にしたいと思ってくれる方も多くて、歌い手と、お互いを尊敬しあえることが、よりよい曲作りに繋がっていく。

私が憧れた「音としての言葉」の使い手

数々の素晴らしい歌い手の中で、特に音として特徴的だなと思う方々を書いてみます。

矢野顕子《あきこ》さんの歌い方。しゃべっているみたいで、囁《ささや》いているみたいで、時に朗読のようでもあって、メロディラインからのはみ出し方や独特の間合い、声色、どこまでも矢野さんの音だ。語りと歌の境目をゆらゆらと行き来しているようでもある。

矢野さんは、しゃべり言葉本来のイントネーションに沿って歌っているから心地よく感じるのだと思う。

音に寄った詞で思い浮かぶのはCHARAさんだ。アーティスティックであり動物的でもある。中学生のとき、私を含めてクラスの女子たちはみんなCHARAを聴いていて、あの歌い方とかファッション、生き様に憧れた。『スワロウテイル』観たよねえ。

CHARAさんはメロディへの言葉のはめ方（譜割り）とか、発声がオリジナリティに溢れる。歌詞の意味も重要だけれど、それよりも言葉が音として活躍している印象が強い。言葉を言葉としてはっきりと伝えなくちゃいけないというルールはない。『やさしい気持ち』では、サビで「手をつなごう」っていう歌詞が出てくるのだけれど、耳で聴くだけだったら、はっきりとは聴き取れない。YouTubeのMusicVideoのコメント欄に、どなたかが「歌詞の『手を』が音符に乗せるために『てえ〜〜〜へをつお〜〜〜う』になってるのが音楽の域を越えてもはやアート。天才すぎる」と書かれていて、まさしくと思った。声という楽器をこう奏でるなんて！　という驚きだ。

矢野顕子節、CHARA節を聴いていると、歌ってこういうものだという定義はないんだと思わされる。音楽はそのくらい自由な世界。格好良ければなんだっていいのよね。

さらに、岡村靖幸の『カルアミルク』も、学生のときに聴いて「なんじゃこの曲！」って衝撃だった。メロディと歌詞の関係よ。歌詞が詞というよりとりとめのない長い日記のようで、でもメロディはそれを無視するかのように乱高下していく。そして電話口でお酒を飲みながらくどかれているようにメロディに対し言葉をギュギュギューっと詰め込んでいて、まさに歌詞の「電話なんかやめてさ　六本木で会おうよ」を地で行っているんだよ。深夜に聴くと本当に電話口でしゃべりかけられているようだった。

LOVE PSYCHEDELICOを高校生のとき初めて聴いた。当時、少し洋楽も聴きはじめていたから、海外のアーティストだと思った。

Lady Madonna 憂鬱なるスパイダー
夢もないよ　give me none of that preaching
好きな joke fake velet & honey
冷めきってるカップのコーヒー and so on

って、文字に書いたら読めてしまうけど、耳だけで味わうとき、英語と日本語が連なって、言葉の域を飛び越えていた。音楽と一緒になった言葉は、音として存在していた。

そんな風に、1990年代〜2000年代、私の青春期の邦楽の歌詞は、「音」に寄っているものが多かったように思う。フォークや昭和歌謡世代の父は、音楽番組を一緒に見るといつも「最近の若いもんの曲は、何を言うとるんか歌詞がまったくわからん」と嘆いていた。父母の青春時代は、作詞家の最も活躍した時代で、曲よりも歌詞が重視された時代だった。時代によって歌詞のあり方も変わっていった。曲をサウンド重視で作るか、また言葉重視で作るか。それによって、同じ言葉でもまったく別物になる。

学校じゃないから「意味がわからないじゃないですか」と先生に叱られることもない。採点されることもない。音楽としての歌詞は意味にとらわれない自由な世界なのだ。

と言いながら、チャットモンチーは詞先のバンドだった。他のバンドに比べても、意味を重要視してきた。他の章でも書いたとおり、その意味がイマジネーションを膨らませてくれるものだからだ。ただ、悲しい歌詞にはポップな曲をつけ、ポップな編曲をする。それぐらいで丁度いいときも結構あるのだ。とんかつにかけるソースの量に似ている。ここてこてにしすぎると胃もたれすることあるよね。

歌詞は「音」と「言葉」の間にある

歌詞は、音と言葉の間にある。だから、歌詞だけで意味が成り立たなくてもいいのだ。

「歌詞がいいね」と褒められるとき「ありがとうございます」と返しながら、その半分はメロディの力だし、さらに編曲や歌の力によるものなんですよと思っている。もし違うメロディがついていたら、違う歌声なら、違う編曲ならヒットすることもなかったでしょう。

逆に言うと、歌詞が素晴らしいのにイマイチ大衆に届かなかったなら、それは残り半分の音とか編曲とか時代とかの要因なのだ。ヒットが必ずしも正解だとも思わないけれど。

声や曲が良くても歌詞が良くなければ売れることはない。1曲はいけても、いい歌詞を書き続けるというのは、簡単ではない。Official髭男dismは『Pretender』以降も違和感を残す歌詞を、きっと意図的に書き続けているのではないだろうか。最初は声の美しさが際立つけれど、歌詞もやはりのっぴきならないもの。女々しい独り言のような歌詞が、世の男性を解き放ったのではないかと思うのよね。唯一全員に共通で認識される「意味」を持つ歌詞が、ノリだけでは補えない、深い部分で人を満たす。

昔よりもイモっぽい歌詞を書く人が少なくなったわよね。みんな上手よ。これだけ情報で満たされた社会で、普通のことを書いても響かないというのがあるんじゃないかねえ。1990年代のようにストレートな愛と夢と希望を書いても受け容れられない。あるあるは必要なんだけど、「ひとつ上のあるある」が求められるようになったんじゃないかしら。ヒゲダンは、人には言わないけど、実はあるあるな女々しさよね。なんて、編集の今野さんと歌詞談義する時間の楽しさよ。

歌詞が好きだった曲が、ピアノバージョンになって販売されて、あれ？　イマイチ響かないと思った経験、もしくはその逆はありませんか。小説が映画になったらイマイチだったというのは、文字から映像だから仕方ないけど、音から音なのにイマイチって何これ？　となる。そうです。「歌詞が好きだから」とあなたが毎日聞いている曲は、作曲や編曲、さらにはサウンドに支えられている。**曲は何色もの毛糸で唯一無二のセーターを編むようにして作られている。その中の、わかりやすい赤い毛糸が歌詞なのだ。**「ここのベースラインが最高なんだよね」と言える人がリスナーの1割だとしたら、「ここのこの歌詞が最高なんだよね」は9割が言えるだろう。言葉はみんな普段から使っているものだから、わかりやすく耳に入ってくる。だからこそ、歌詞は責任重大だ。けれども、「なんかわからんけどこの曲聴いたら涙が出る」とか、「元気になる」というとき、その半分は音のお陰なんだと、ずっとそれを言ってますね。

作家になってから、言葉はみんなが書けるからこそ難しいと思うようになった。同じように、バンドを離れたからこそ、音を操るというのは魔法のようなことだったなと思う。ギター、ベース、ドラムはいわばそれぞれの国の別の言語だ。曲を作るとは、それらを持ち寄って会話し、世界に1着だけのセーターを編んでいくようなことだった。

出来上がったらそこからが本番、さあレコーディングだ。ボーカルが女性で高音で歌う私たちのバンドは、レコーディングのとき、ドラムはスネアを低めにチューニングすることが多かった。声の音域とかぶって相殺してしまうからだ。

また、ベースのルート音と和音になるようにスネア、タム類を、3度ずつ上げてチューニングした。聴く人には気づかれない細かい調整によって、リスナーが歌や歌詞により集中できるようにしている。ドラムの音作りだけでも半日、ときには1日かけることもあった。さらに、シンバルの音が他のマイクに乗ってうるさくなりすぎないように、ライブのときよりシンバルをやわらかめに叩くとか、スネアとハイハットの間にパーテーションを入れたり、そんな工夫をすることもあった。そこにはレコーディング・エンジニアという録音の専門職がいてくれたし、スタジオ空間もかなり影響した。

〝歌詞が素晴らしい〟は、そういうチーム全体への評価なのだ。

「詞先」と「曲先」で変わる言葉の役割

「歌詞と詩は違うのか」とよく聞かれる。詞先の場合は詩に近いと思う。詞先とは歌詞を先に書くことで、言葉に合わせて曲がつけられる。チャットモンチーはほぼ詞先で、歌詞をボーカルのえっちゃんに渡すと、曲がついてきた。なので、めちゃくちゃフリーダムに書けていて、いくらでも歌詞ができた。

作詞家になった今、依頼される歌詞はほぼ曲先だ。作曲家からメロディが送られてきて、そこに歌詞をのせる。10年経って少しずつ慣れてきたけれど、正直なところやっぱり私は制限なく書ける詞先のほうが得意だ。

元々、日本の歌謡曲は歌詞が先の文化だった。父母の時代の歌謡曲や、さらに祖父母の時代の演歌などは、言葉が先にありそれを元に作曲家がメロディをつけ編曲されていったものがほとんどだ。

日本に洋楽が入ってくるようになって以降、曲先が多くなっていく。曲調もバラード調が多かったのに、次第にリズミカルで複雑なものになってくる。洋楽の影響で、音楽が昔よりもサウンド重視で聴かれるようになったからだと言われている。歌詞が次第に音としての役割に移行していく。

言葉で感情が揺さぶられて曲をつけるほうが自然じゃないかしらと思うんだけど、そうすると、昭和歌謡とかフォークのように、歌詞のイメージに曲調がマッチしたわかりやすい音楽になることが多い。切ない歌詞に切ないメロディという鉄板の音楽ももちろんいいけれど、この切ない歌詞にアッパーな曲⁉ みたいなのもクールだ。言葉の意味に引っ張られない分、曲先の多くなった現代は、曲の幅が広がったのだ。

メロディが先にあるということは、ターララーラとくる場合は、5文字という制限ができる。さらに、音が上がっているか下がっているかで、言葉の座りが変わる。音の上がったところがより頭に残るので、上がった部分に重要な言葉を入れたほうがいいかなあとか、逆に英語にしたろかなあなどと考える。

曲先の歌詞作りは、意味とか論理より音として言葉をとらえるので、詞先の作り方とはまるで違う。**音にパズルのように言葉を当てはめ、そして何度も何度も口ずさんで、言葉がどう響くかを確かめる。**

「ぎゅっと」や「ずっと」「パッと」のように耳に残りやすいフレーズをサビの頭にもってくると華やかで目立つなあ、と入れてみたり。そんなセオリーこそ無視すべきなんじゃないかとも思いながら、毎回自分の中の「慣れ」みたいなものと格闘している。でも、さっきヒゲダンの話で少し触れたように、詞先も曲先も、長く愛されている曲はやはり言葉の意味として人間の本質をとらえていて、聴くほどに味が出てくるものが多いよな。

以前、いきものがかりの水野良樹さんの運営するHIROBAの企画で、楽曲の公開制作をすることになり、歌詞を担当した。数日間、睡眠のときも（スタジオで眠っていた！）カメラを回してスタジオで水野くんは一曲を作り上げていくという。相変わらずスリリングでおもしろい挑戦をする。水野くんとは同い年で、さらにバンドのデビューが近かったこともあり、作家になってからも親しくさせてもらってきた。彼が作曲、私が作詞で、何曲か楽曲提供をしていたりもする。

その企画では、水野くんがイントロとサビだけを事前に作り、そこに私が歌詞を載せ、さらにAメロ、Bメロは私が詞先で書くという文通のような作り方をした。イントロの美しいピアノラインに引き寄せられて素直に歌詞を書くことができて、無事に水野くんに渡せた。これに一夜のうちにメロディを載せて完成させるという。すごい集中力よ。

翌日再びスタジオへ足を運び、公開放送されながら歌詞とメロディのすり合わせをしていく。そこで出来立てほやほやのAメロBメロを聴いた。私たち作詞家もメロディーに誘われながら歌詞を載せていくが、作曲家も、詞先の場合は言葉がもっているイメージや語感に導かれてメロディがついていくのだと水野くんが言った。

私も、言葉だけで全部意味が通じてしまわないようにあえて行間をもたせることが多い。音のための猶予だ。できたてのメロディを歌ってもらいながら、二人で、歌詞の座りなど細かい譜割りの調整をしていく。

歌詞にメロディがつくと、必要のない言葉が浮き彫りになっていく。Aメロに「ここからはじまる何かをいつも信じていた」という歌詞があったのだけれど、水野くんの口ずさむメロディを聴いて「いつも」を省いた。美しいバラードにより「いつも」がなくても、「いつも信じていた」と伝わったからだ。強調は時に蛇足になる。聴く人の想像力を信じたい、任せたい。そうして、だんだんと骨格が立ち上がっていった。

編曲は、亀田誠治さんが入ってくれた。印象深かったのは、シンプルなバンドサウンドだったこと。バラードだと、なにかとストリングスを入れて、さらに感動的にしがちだったりするが、テンポも遅すぎず泣かせにかかろうとしない。亀田さんの判断はさすがだなあと思った。

水野くんのデモ音源では、曲頭がシンプルなピアノで、私はそのイントロを聞いて夜空の星をイメージして『星屑のバトン』というタイトルで歌詞を書いた。その後、いろいろ実験が繰り返されたのだろう、冒頭はストリングスなどが入った豪華なものになっていた。亀田さんは、編曲前の打ち合わせで、そこの部分を「元に戻したほうがいいんじゃないかな?」と水野くんに言った。「きっと久美子ちゃんは、そのシンプルなピアノのラインでイメージを膨らませてこの歌詞を書いたんだと思うよ」と。エスパー。エスパーや。はい、その通りです。こうして、イントロは元のシンプルなものに戻された。バラード調の情感たっぷりのメロディと、ちょっとうるっとくるような歌詞。水野くんの歌い方も相まって、感動的なドラマのエンディング・テーマ曲になりそう。もし、さらに全面ストリングスが入る編曲ならしんどかったかもしれない。亀田さんは完成したサラダに、ごまドレでなく、レモン汁をかけて爽やかに混ぜ合わせたのだ。きっと、素材の味を活かすためにそうしたのだ。

文を音で推敲する

歌詞を書くとき、一発で仕上がれば格好いいのだけれど、実際のところ何度も何度も推敲を重ねる（ちなみに阿久悠は推敲しなかったらしい）。ぴったりの言葉と音を見つけられたら、よっしゃーと一日中幸せだ。実際はノートが真っ黒だけど、完成形は「さっきそこでもいできた新鮮なみかんですの」という感じで、苦労の跡など微塵も見せたくない。平易な言葉の組み合わせでぎょっとさせたい。

作曲家も編曲家もそうだろう。書きすぎない、載せすぎない、混ぜすぎない。最後まで食べ飽きない曲、でも一口目から美味しい曲。そこには、歌詞とメロディ、サウンドの絶妙なバランスがある。

詩やエッセイ、小説のようなメロディがなくて言葉だけで勝負する場合も、書き終えてから何度も素読みをして、文のリズムを確かめる。それで何を確かめているのかと聞かれると、自分のピッタリポイントとしか言いようがない。

細かいところだと「、」の位置を変えるだけでも意味はがらりと変わる。

ゆみは、校庭で子犬が遊んでいるのを見つけた。

ゆみは校庭で、子犬が遊んでいるのを見つけた。

「、」の位置だけで、まったく違う意味になってしまう。ゆみがいるのが校庭なのか、子犬がいるのが校庭なのか。実際、LINEやメールでこういった句読点の打ち間違いで勘違いをしてしまった経験が何度かあった。日本語ってほんまに難解でっせ。

長い文章が続いてもしんどいし、短いものばかりでも単調なので、書き上げた後、何度も音読して文章全体のリズムを確認する。そして歌詞と同じように、「本当に必要な文章かどうか」を吟味する。音読してみて、美しくないとか、わくわくしないときは、書きすぎ注意報が鳴っている。「この一文、むしろないほうが読み手の想像力を刺激できるし、リズムが格段に良くなるやん」みたいなこともよくある。

私の場合、一本分の小説を入れるようなストーリー性のある歌詞を作ることもある。まず、だだーっと紙の裏に物語のあらすじを書き、キーになるワードを拾いながら、粘土を捏《こ》ねるように形成していく。コアの部分を残し、これは入れとかないと意味が通じないだろうという最低限の説明は物や情景にして入れる。いかに削るかということを考えていく。これもいらないいんじゃない？　これも、これも？　じゃあ、逆に何がいるの？

一番必要なのは、その1曲で何を伝えるかという芯の部分である。それは私の気持ちということではなく、曲の色のようなもの。ざっくりとした、「冬の恋」とか「ひとり暮らしを始めたての夏」みたいな外側の色と、主人公の心情という内面の色。その2つで聞き手の心に変化を起こしたい。ストーリーのある歌詞はAメロ、Bメロはあまり音に寄りすぎずに意味重視で作り、サビ部分は思いっきり抜く。

大原櫻子《さくらこ》さんに書いた『夏のおいしいところだけ』は、A、Bメロで、主人公のくさくさした気持ちを詳細に書き、サビは意味ではなく音に向かう。私はこのアプローチを〝ミクロからマクロに向かう〟と言っている。実際のサビはこうだ。

夏の真ん中の　おいしいところだけ
リュックサックに詰め込んで
見たことない私が見たい

スイカの真ん中が一番おいしいように、夏も真ん中のおいしいところだけ食べたい。そんな意味を込めているが、それはわからなくても何となく伝わる夏感があればいい。「夏の真ん中」「おいしい」「リュックサック」「私」と、開《ひら》けた音を書いてみた。水野さん作曲の軽快なメロディと外側の色で内側の色を補いながら、聴いてくれるみんなを引き連れて未踏の場所へ旅をする。みんなが求めているその半歩先を目指したい。自分自身が一番に感動し、身近で見てくれていたスタッフがその次に感動し、それからみんなも感動するものを。

形容が多いと想像力が削られる

この間、文章の講座をしたとき、ある生徒さんが沖縄旅行の原稿を提出してくれた。その中の一文がこちら。

ホテルの部屋の窓を開けると目の前に広がる綺麗な海！

さて、あなたなら、どこを削りますか？
私なら「綺麗な」を削りたい。

ホテルの部屋の窓を開けると目の前に広がる海！

としたほうが随分リズムが良い。リゾートホテルの窓から、もし濁った海が広がっていたなら、それこそ印象的だが、「沖縄・ホテル・広がる海」ときたら誰しも綺麗であることは想像できる。だから、あえて「綺麗」は省略したほうがリズムが良くなる。もしくは、他の言葉に置き換えるならお決まりだけど「青い海」かな。色が脳内にバッと広がるというのは読んでいて楽しい。

書き終えたあと、いつも、形容しすぎているところはないかを探す。形容が増えれば増えるほど、説明っぽくて想像力のいらない文章になっていく。その一語、一文を書く必要があるかを確かめるための朗読でもある。口に出し読んで一つひとつ確かめていくとピタリとはまる文が必ず完成する。

そうするとやっぱり、自分の好きなリズム、好きな本や文、音を探すことから始まるのだけれどね。

自分の音をコントロールして出せるように

この本をここまで書いて気づいたことがある。登場人物の数がすごい。

私のリズムは、これまでに出会った人たちによってできているんだなあと、しみじみ思った。本や曲だけではない。無数の人との直接のセッションで私のリズムが作られてきたのだ。42年の間に一体どのくらいの人と会って、その人の音に触れてきただろう。特に感動した体験や言葉は心に刻まれ、今の私に繋がっていったに違いない。私というオリジナリティは、人との関わりで生まれるミクスチャー作品なのだ。

でも、自分のビートが変わった瞬間ってはっきりとはわからんよね。多分、あの時期なのかなっていうのはあっても、明確な切り替わりはない。ビートって、ギターとか歌とは違って、変わっても気づかないでしょう？　「あ、今8ビートから4ビートになった！」って、気づく人はほとんどいない。そのくらいに、自分らしさとか自分の音って、自分では気づかないうちに変わっている。

それはいいことである反面、気をつけていないと、影響を受けやすい人はすぐに相手のビートが乗り移っちゃう。友人の多くが、長いこと私と一緒にいると伊予弁が乗り移っとることがある。これは笑えるエピソードだけれど、一緒にいる人と性格や思考も似てくるというのはよく聞く話ですよね。出会う人によって、開放されたり、畏縮したり、音は知らぬ間に乗り移っている。

流されるのも時にはいいけど、自分の音は自分でコントロールしていたい。そのためには、日頃から自分の音や文章に意識的になることが必要だと思う。南海キャンディーズの山ちゃんは、自分の出た番組は後日必ずチェックして、反省ノートをびっちり書いているそうだ。言葉のプロでさえそのくらいの努力を重ねているということなのだ。私たちもライブ音源を毎回MDに録って移動中に聴いて、反省点を次に生かしていた。

これは、生活の中でもできることだと思う。逆に言うと、ちょっとした意識で簡単に改善できることでもあるのだ。自分の基礎となるビートを、知っておく。それは、自分のチャームポイント、または短所を自覚することにも繋がる。

普段の仕事ではみんなに合わせたビートを鳴らさざるを得なくても、きっと滲み出るものはあるし、「自分の音はこれだな」とわかっていたい。反射的に「ヤバい」って言うのはOKかとか、メールの頭を「お世話になります」以外で書くとか、街の広告写真に添えられた言葉にもっといい文を作るとか。

そういう大喜利みたいなことを、私はときどきやってます。大喜利といえば、ねづっちさんのあの瞬発力も、山ちゃんに似た職人の卓越した技術ですね。楽器も同じですが、無意識でできるようになるには、人一倍意識して鍛錬を積む時間が必要なのだと思う。

でも、自分らしさのために、自分にこもる、というのはちょっと違う。もちろんそういう時期は私にもあったんだけれど。だからこそ外は眩《まばゆ》い。自分の外にこそ自分の新しい種はある。「自分は自分なんで」と突っぱねることは簡単で安全で、それも時にはいいけれど、外との接触が新しい音との出会いになるから、直接出かけて、人に会ったり季節を感じる癖をつけてみてほしい。感性のアンテナは短いほうが楽だけど、長いほうがきっと人生は豊かだ。

「私の好きな『いい音がする文章』」

column 5

絵本の音

読んでいて最もリズムがいいなあと感じるのは、絵本や児童文学だ。私も絵本を何冊か作ったり、絵本の翻訳もしていますが、子どもが初めて声にするかもしれない言葉だから、発音しやすいように、そして繰り返し言いたくなるような音に作られているものが多いと思う。

ユーモラスでチャーミングな、それでいてリズムの良い児童文学を長年書かれているのが角野《かどの》栄子《えいこ》さん。その中でも私が子どもの頃から大好きなのが「ちいさなおばけ」シリーズです。『ハンバーグつくろうよ』からとりわけ私の好きなシーンを。

ふたりが　エッちゃんの　うちに　つくと、　アッチが　さっそく
エッちゃんに　いいました。

「すっごく　おいしいハンバーグ　つくってあげる。　ほっぺたが　おちないように　しばっておいてよ。」

すると、ボンも　いいました。

「おれのほうが　ずっとうまいぞ。　あんまり　うまくて　おなかが　きゃあきゃあ　わらいだすから、　おなかに　マスクを　しといたほうが、いいよ。」


「おなかが　きゃあきゃあ　わらいだす」という音も表現も子どもは絶対好きだし、「おなかに　マスクを　しといたほうが、いいよ」という一節もなんてかわいいんでしょうか。

もう1ページ読んでみましょう。

すてきな　ハンバーグが　できあがりました。

いつものように　へんな　かたちに　ならなくて、アッチは　ほっと
しました。
ところが、ボンのほうから　こんな　こえが　きこえて　きたのです。
「さっさっさと　おまじない　いれて
ぱっぱっぱと　おまじない　まぜて
ねこの　まじない　にゃごにゃご　ぷいぷい。」

〔以上、角野栄子さく、佐々木洋子え『ハンバーグつくろうよ』（ポプラ社）より〕

このおまじないの部分は、読む子どもたちも、読み聞かせをする親だって、楽しくてさまざまにリズムをつけるでしょう。こうして、環境音や音楽以外の、言葉の奏でるビートを、小さい頃から聞くのは、とても楽しい経験だ。

改めて、絵本、翻訳絵本をいろいろと読んでみて、より音に着目して作られているのは、やはり赤ちゃん絵本だと気づく。圧倒的に音派である。オノマトペやリフレイン、意味ではなく、音として日本語を楽しむことに全力を尽くし

ておりますよ。
私の大好きな絵本『あーんあん』から、どうぞ。

ほいくえんに　いくのは　いいけれど
かあさんが　かえっちゃ　いやだよー
あーん　あーんと　ぼくが　なけば
わたしも　いっしょに　あーん　あん
それなら　ぼくも　あーん　あん
みんなそろって　あーん　あん

［せなけいこ さく・え『あーんあん』（福音館書店）より］

お気づきでしょうか。徐々に7・5調になっていきますよね。子どもは、すぐに全文を暗記して、一緒に発するようになります。童謡や詩と絵本、7・5や8・5は、私たちのベースにあるリズムなんですねえ。
物語の絵本だとしんどい子には、音によって作られた絵本を選んであげるといいと思います。または、童謡のような調子をつけて読んだり、簡単な楽器を入れて読んであげると、集中して最後まで楽しんでくれると思います。

「松谷みよ子あかちゃんの本」シリーズからも一作。電話の音がリフレインされ、音を口にしはじめた赤ちゃんが真似できるようになっています。

じりりーん
じりりーん
もしもし
モモちゃんです
あなたは　だあれ
もしもし
ぐわっぐわっ
ぼくは　あひる

ぼくもう　かお　あらったよ
みずに　あたまを　つっこんで
ぶるぶる　ぐわっぐわっ
モモちゃんは　まあだ？

［松谷みよ子『もしもしおでんわ』（童心社）より］

子どもの頃から実家にあるこの絵本、全箇所「モモ」ちゃんに二重線が引かれ、「ゆり」ちゃんと書き直されていた。巻末には妹の名前と「大久保書店にてS62・9・13 西の町のおばちゃんにお盆にもらったおこづかいで」という一文が添えられている。母はこうやってどの絵本にも買った日を書いてくれていた。でもゆりちゃんは母ではないだろう。妹のために買われた絵本にもう字が……ということは、私の仕業だな。ゆりちゃんという人形を大事にしていたのを思い出した。

私は、絵本や紙芝居を各地の幼稚園などで読み聞かせしていますが、保護者に、「お子さんの名前に変えて読んであげてくださいね」と伝えることが多い。

どうやら、5歳にしてそれを実践していたんですね。

最後に、『100万回生きたねこ』から、どうぞ。

あるとき、ねこは　小さな　女の子の　ねこでした。ねこは、子どもなんか　だいきらいでした。

女の子は、ねこを　おんぶしたり、しっかり　だいて　ねたりしました。ないたときは、ねこの　せなかで　なみだを　ふきました。

ある日、ねこは、女の子の　せなかで、おぶいひもが　首に　まきついて、しんでしまいました。

ぐらぐらの頭に　なってしまった　ねこを　だいて、女の子は　一日じゅう　なきました。そして、ねこを　にわの　木の下に　うめました。

ねこは　しぬのなんか　へいきだったのです。

［佐野洋子 作・絵『100万回生きたねこ』（講談社）より］

大ロングセラー絵本だけれど、改めて読み返すと、けっこうシュールなんです。「ねこは、子どもなんか　だいきらいでした」「ねこは　しぬのなんか　へいきだったのです」歌詞のところでも書いたタブーを、ひょうひょうと、やってのけてますよ。さすが佐野洋子さんだ。

何度も何度も死んで、埋められて、また生きて。この物語はけっこう長いのだけれど、生と死という大きなリフレインでできている。ワルなねこに憧れるし、ぎょっとするような言葉のオンパレード、声に出して読みたくなるわ。けれども、とても絶妙なバランスで、本当に生きるとは何かを私たちに問いかける。

ということで、5つのコラムで紹介した本だけでなく、電車の中吊り広告や、手紙、メール、いいなと思う文を探して、朗読してみてください。私は、実際に、その文を模写してみることもあります。

SNSに投稿する前や、メールを送る前に、一度声に出してリズムを確かめてみるのもいいでしょう。それを繰り返すことで、自分にとって心地よいリズムが身につくと思います。

エピローグ

生き方が音をつくる

文筆家になって、12年。「名は体を表す」と言うけれど、文もその通りで、私の文は私の人生そのものなのだということに気づいた。今日明日どうこうできるのは、表面的なところだけで、蓄積された人生は隠しようなく文章から香る。文筆家になりたいからといって、文章の書き方の練習だけしていてもいかんのです。それよりも自分にしか書けない文を書くこと=自分だけの人生を歩むこと。遠回りなようで、これが一番の近道なんじゃないかな。**言葉は音だから、あなただけの生き方があなただけの音をつくるのだ。**

バンドをやめた後の1年半くらい、屍《しかばね》のごとく引きこもっていた。最初のうちはイベントに出たり、展示会をしていたけど、それは前のエネルギーの残響で、長らく鳴っていたリズムがピタリと止んだ。凪《なぎ》になったのだ。それと同時に三半規管の病や、脛《すね》の皮膚炎、体のさまざまなところがガタピシしはじめた。冬眠するように私はひたすら眠った。眠って起きて、本や漫画を読んだり、今ではびっくりするけど好きなだけゲームをして、思考を停止させた。凪が終わるまで、最小限の仕事だけを引き受け、部屋から窓の外を眺める日々を送った。それが、自分のこれまで歩いてきた道を振り返るタイミングになった。

ずっと内側から、材料として見ていた「音」を、はじめて外から眺めた。部屋で聞いた、階下を歩く人の足音や、郵便屋さんのバイクの音、雨だれの音。音にはどれも感情のようなものがあり、美しく、愛おしかった。それぞれの人生が、音に滲み出ているからなんだと思った。子どもの頃に戻ったようだった。世界は喧《やかま》しいシンフォニーでできていた。しばらく、そのステージを眺めて過ごした。とても貴重な日々だった。止まってもいいのだ。体が止まれと言うときは。人生の休符は、また必ずあなたに良いリズムをもたらしてくれるだろう。

やがて私は文章を書き始めた。創作の基盤はドラムフレーズ作りと同じだった。どういうものに心惹かれ、疑問を感じ、何を書いて何を書かないのか。書かないことこそが重要で、引き算の美学があった。ドラムも叩かない部分にこそ鳴っているメッセージがあった。口で歌えるフレーズは必ず叩けるようになったように、しゃべることを整頓できるようになっていくと、文章も少しずつ整うようになった。母や親友の前では怒涛《どとう》のごとくしゃべることもあるけれど、文は体を表すのだとわかるようになった。

ドラムフレーズを口で歌えるからといってすぐ体が追いついたわけではない。私は運動はあまり得意でない。ドラムは運動神経もその上達に関係している。そういう意味では私はとても不利だった。四肢がバラバラに動くのにも、人より時間がかかった。頭では自分で作ったフレーズが鳴っていても、それを実際に再現するのはＡＩではなく生身だ。１フレーズを何度も何日も体に染み込ませる。レコーディングの頃は、まだ完成度8割で、そのフレーズが完全に体に馴染むのはライブツアーをすべて終える頃だった。吹奏楽部の先生が言っていた「リハーサルのためのリハーサルではない」という言葉がよく理解できた。本番を踏むこと。あとがない状況に自分を追いやること。たった1回の舞台での勝負を積み上げること。それが生きた体験となって自分の音を作っていった。

「今は来る者拒まずで、なんでも引き受けてたくさん書くといい」と、作家になりたての頃に先輩からアドバイスを受けた。それもまさに、本番を踏めるだけ踏めということだった。ドラムも文章も一日にしてならず。それはどの職業でも同じだろう。突き詰めるからこそ険しく、険しいからこそ本当のおもしろいに達することができる。自分の気配が消えるまで鍛錬が積めたとき、自分のリズムが自然と滲み出るのだと、能楽師の有松遼一さんがおっしゃっていた。本当に、その通りで、多くのプロドラマーが「一番難しいのは8ビートだ」と言った。対して、多くの初心者は「8ビートなら叩ける」と言う。私も学生の頃はそう思っていた。どちらも間違っていない。どこを見つめて生きているかという違いだけなのだから。8ビートを叩いたとき、その一音に人生が集約される。同じように、本を開いたとき、一文に人生が集約される。**自分が消えるまで基礎を習得し、それでも消せないものが自分の個性なのだと思う。**

「練習」については、1日だけ長時間練習するよりも、1時間を毎日繰り返すほうが体に染み込む。ドラムにも文章にも農業にも言えること。じゃがいもを植えて、明日収穫できないように、人の成長も日を積み上げる重要性があるのだ。精神科医の先生とお話しさせてもらったとき、眠るということが、脳内を整理する上で大変重要なこととおっしゃっていた。その通りで、新しく作ったフレーズを練習して、ダメだ全然体が追いつかん、と思ったら、今日はひとまず帰って眠る。そして翌日またスタジオに行くと、昨日できなかったことが不思議とできるようになっている。本当に不思議なんだけど、むやみに詰め込みで練習するより、眠ることのほうが大事だ。受験勉強がそうであったように、文章においても追い詰められたときは眠るに限る。昔は平気で徹夜していたけど、今は眠りながら考える。そして、早朝にペンを持つと、不思議と書くべきことが浮かび上がっている。毎日少しずつ積むことが鍛錬なのだと学んだ。

そして、突き詰めるとは、気づきを積み上げることではないか。いくらドラムの練習をしても、間違ったままで、たとえば8ビートがぶれたままで5時間叩き続ければ失敗が型になってしまう。ドラムの練習をするときは2~3時間と決めて、録音しては聴き直しながら、なるほど3拍目が微妙に後ろにいるんだな、などと確認し、修正しながら練習を重ねた。

言葉も同じで、消しゴムを使わない。二重線で消し、自分の思考回路の変遷を追えるようにしている。数日後、1日目の紙に戻って、そこから単語をピックアップしていることもある。「ジャンルは違えど、高い山をどこから登るかのようなこと」。徳島の僧侶の友人が言っていた。まさに、みんな何合目かで踏ん張って山登りを続けている。物事を突き詰めると、多少の風雨には脅かされない、しゃんとした背骨を与えてくれる。その背骨は、職業や住む場所が変わっても、ぶれることのない私のリズムの核になっている。

文章を書くのは決断の連続である。どんな題材にするのか、どの視点から見るのか、どんな言葉を選ぶのか、どこで終わらせるのか。書くには「決断の訓練」が必要だ。あなたの人生も、少なくとも大人になってからは、すべてが決断でできているだろう。たとえ誰かに誘われて流れ着いた今だとしても、それを受け入れる決断をしたのは自分だ。自信をもって決断し生きている人は、「いい音がする文章」を書けるようになる。

いい人生に必須なのは、いい失敗をたくさんすることだ。私は方向音痴で、道に迷ってはコンビニやガソリンスタンドで「ここってどこですか？」と海外ツーリストみたいなことを聞いていた。それが、今は道先案内人が常にいる。スマホができて以来、失敗できる機会が減ってしまった。充電さえしていればどこへでも案内してくれる。誰かに道を聞くことも聞かれることもなくなった。おいしい店まで紹介してくれる。迷って苦労してたどり着いた場所や道は忘れることがなかったが、最近の便利な旅は簡単に消えていった。サプライズがない。予定調和的で、安心で、可もなく不可もない。すでに予習した目的地に行ってシールをもらってまた次を目指す、確認の旅のように思えた。便利によって搾取されているものは、便利以上に大きい。人間の軸の部分が揺るがされている、というか、人間自体のリズムが大きく変わりつつある。時代の境目にいる戸惑いを私たちの世代はみんなもっているのではないか。

そんなこと言うても、失敗なんて誰もしたくないやん。そうですね、あえてするものでもないよね。それに失敗かどうかを決めるのは自分自身だ。「失敗をチャンスと思えるか！」みたいにタフなメンタルは持ち合わせてないけど、転んで起き上がるときに何かに気づくことはある。痛いけど、めそめそしながらも失敗からしか学べないことばかりよ。成功すれば、そこでミッションはおしまいだけど、失敗をしたとき、嫌というほど自分と対峙させられる。もっとこうしてみようか。何がダメだったんやろ。別のやり方試そうか。そうして、何度も何度も体験し、その鍛錬は、靭《しな》やかで強い心身を作る。

それだけでなく、繰り返すことで物事の道理のようなものがわかっていく。失恋とて、大いなる学びがあった。あの疼《うず》きから何十曲書いてきたか。積み重ねたことはやがて哲学になっていく。いつしか振り返れば道になっている。物事を突き詰めると真理に辿り着く。そうしてできる哲学は、あなただけのリズムをつくるだろう。

原田知世さんに書いた『銀河絵日記』では「辿り着くだけが旅じゃない」というフレーズがある。それは私の実体験であり、本心だ。そう。辿り着くことが目的ではなかったはずだ。どこへ辿り着いたかではなく、その道程にこそ意味があるのだと私は思う。自分が楽しいと思える人生を送ること、あなたの人生を歩むことが大事なのだ。それがやがて、あなたにいい音がする文章を書かせるだろう。

あなたにも、こだわって突き詰めようとしていることはありますか。料理でも、コーヒーでも、競馬の予想だって、デイトレードだって、ゲームだって！　あなたがのめりこんでいることがいい。時間を忘れるほど夢中になっていることがあるなら、それは必ず、あなただけのいい音がする文章に繋がっていきますよ。

あとがき

あとがきっぽい音が鳴りはじめました。ここで、謝辞を書いたら、予定調和な音を出しとるなと思われるかもしれんですね。

でも、毎回マラソンを走り終えるとき、支えてくれた人たちの顔が真っ先に思い浮かびます。どんなギミックよりも真心はいい音です。

この本は、自分にとっても編集の今野良介さんにとっっても新しい挑戦でした。毎回の打ち合わせはすこぶるのセッションで、そこから砂金を集めるように書いていった。ちょっと歪んだ熱い和音を鳴らす今野さん、私の原風景の音を聞きになんと愛媛まで来てくれた。メールは「俺」だったり「ワシ」だったり、その時々の自分の音を鳴らし、二人三脚で、寄り道も楽しみながらゴールへ導いてくれました。そうか、音楽でいうところのプロデューサーやね。ひゅー。ありがとう！

ここまで辿り着いたみなさんに、私たちのビート、届いていたらいいいんだけどな。一緒に踊って楽しんでくれていたら嬉しいです。

今回も、牟田都子さんが校正を担当してくださりとてもとても心強かったです。音楽でいうマスタリングです。歪みすぎているところを整えてみんなに届く音にしてくださいました。ありがとうございます。

吉岡秀典さんのブックデザインという編曲は、形ある文字ならでは。フォントや並べ方でこんなにビートが変わるんだなと感動しました。ありがとうございました。

そして、帯コメントをくださった今井むつみさん、草野マサムネさん。言葉と音と正面から向きあい続けるお二人からいただいた言葉は、これから先の私の背中も押してくれるに違いありません。本当にありがとうございました。「ありがとう」も、今は音だけが残っている言葉ですね。音の中には、たくさんの意味と思いが込められています。

読んでくださったみなさま、本当にありがとうございました。

2025年1月　高橋久美子

参考文献

『こころ』夏目漱石・著（新潮文庫）
『羅生門・鼻・芋粥・偸盗』芥川龍之介・作（岩波文庫）
『中原中也詩集』吉田凞生・編（新潮文庫）
『金子みすゞ童謡集　わたしと小鳥とすずと』金子みすゞ・著／矢崎節夫・選（フレーベル館）
『ことばあそびうた』谷川俊太郎・詩／瀬川康男・絵（福音館書店）
『斜陽 人間失格 桜桃 走れメロス 外七篇』太宰治・著（文春文庫）
『グッド・バイ』太宰治・著（新潮文庫）
『新編 銀河鉄道の夜』宮沢賢治・著（新潮文庫）
『あやとりの記』石牟礼道子・作（福音館文庫）
『はーばーらいと』吉本ばなな・著（晶文社）
『こくご　一上　かざぐるま　令和5年度』（光村図書）
『絵本とは何か』松居直・著（ちくま文庫）
『舞台のかすみが晴れるころ』有松遼一・著（ちいさいミシマ社）
『東京の夫婦』松尾スズキ・著（マガジンハウス）
『作家と犬』平凡社編集部・編（平凡社）
『想い事。』Cocco・著（幻冬舎文庫）
『イルカも泳ぐわい。』加納愛子・著（筑摩書房）

『壬生義士伝　上』浅田次郎・著（文春文庫）
『モチモチの木』斎藤隆介・作／滝平二郎・絵（岩崎書店）
『八郎』斎藤隆介・作／滝平二郎・絵（福音館書店）
『上を向いて歩こう　年をとると面白い』永六輔・著（さくら舎）
「朝日新聞」２０２０年２月２日付朝刊
「愛媛新聞」２０２３年６月２日付朝刊
『ちょっとピンぼけ』ロバート・キャパ・著／川添浩史・井上清一・訳（文春文庫）
『もの食う人びと』辺見庸・著（角川文庫）
『作詞入門　阿久式ヒット・ソングの技法』阿久悠・著（岩波現代文庫）
『日本唱歌集』堀内敬三・井上武士・編（岩波書店）
『決定版　日本どうよう唱歌集』編集部・編（メトロポリタンプレス）
『思い出の童謡・唱歌とうた遊び２００』成美堂出版編集部・編（成美堂出版）
『教科書から消えた唱歌・童謡』横田憲一郎・著（産経新聞社）
『私家版　日本語文法』井上ひさし・著（新潮文庫）
『雅楽のひみつ　見かた・楽しみかたがわかる本　伝統の和楽超入門』日本雅楽会・監修（メイツ出版）
『狂言サイボーグ』野村萬斎・著（日経ＢＰマーケティング）
『能に就いて考える十二帖』林望・著／森田拾史郎・写真（東京書籍）
『見えない音、聴こえない絵』大竹伸朗・著（ちくま文庫）
『おもしろ日本音楽の楽しみ方』釣谷真弓・著（東京堂出版）
『校本　宮澤賢治全集 全16巻』（筑摩書房）
『まんが日本昔ばなしシリーズ 全60巻』国際情報社編集部・編（国際情報社）
『もしもし おでんわ』『おふろでちゃぷちゃぷ』以上、松谷みよ子・文／いわさきちひろ・絵（童心社）

『バンド論』山口一郎他・著／奥野武範（ほぼ日刊イトイ新聞）・構成／文（青幻舎）
『もうねんね』松谷みよ子・文／瀬川康男・絵（童心社）
『じゃあじゃあびりびり』松井紀子・作（偕成社）
『いないいないばあ』松谷みよ子・文／瀬川康男・絵（童心社）
『ぐりとぐらのおきゃくさま』中川李枝子・作／山脇百合子・絵（福音館書店）
『ごんぎつね』新美南吉・文／箕田源二郎・絵（ポプラ社）
『エルマーのぼうけん』『エルマーとりゅう』以上、ルース・スタイルス・ガネット・作／わたなべしげお・訳／ルース・クリスマン・ガネット・絵（福音館書店）
『おひるねじかんにまたどうぞ』武鹿悦子・文／西巻茅子・絵（小峰書店）
『ハンバーグつくろうよ』『フルーツポンチはいできあがり』『エビフライをおいかけろ』『カレーパンでやっつけよう』以上、角野栄子・作／佐々木洋子・絵（ポプラ社）
『ノンタンおよぐのだいすき』『ノンタン！サンタクロースだよ』『ノンタンのたんじょうび』以上、キヨノサチコ・作／絵（偕成社）
『パンダ銭湯』tupera tupera・作（絵本館）
『デリバリーぶた』加藤休ミ・作（偕成社）
『おおきなかぶ』A・トルストイ・再話／内田莉莎子・訳／佐藤忠良・画（福音館書店）
『あーんあん』せなけいこ・作／絵（福音館書店）
『クリスマスの　おばけ』せなけいこ・作／絵（ポプラ社）
『100万回生きたねこ』佐野洋子・作／絵（講談社）
『いたずらきかんしゃちゅうちゅう』バージニア・リー・バートン・文／絵　むらおかはなこ・訳（福音館書店）
『アンパンマンとそっくりぱん』『アンパンマンとぶたまんまん』以上、やなせたかし・作（フレーベル館）
『アンパンマンのどうぶつたんけんたい』やなせたかし・原作（フレーベル館）
『アンパンマンのしかけえほん②　いえるといいね　おはよう』やなせたかし・原作／東京ムービー・作画（フレーベル館）

［著者］
高橋久美子（たかはし・くみこ）
1982年、愛媛県生まれ。作家・作詞家・詩人・農家。ロックバンド「チャットモンチー」のドラマー兼作詞担当を経て、2012年より本格的に文筆活動を開始。詩、エッセイ、小説、絵本の執筆、絵本の翻訳の他、さまざまなアーティストへの歌詞提供など、多彩な創作活動を続ける。一年の半分を愛媛の実家で農家として過ごしている。
著書に小説集『ぐるり』（筑摩書房）、エッセイ集『一生のお願い』（筑摩書房）『旅を栖とす』（KADOKAWA）『暮らしっく』（扶桑社）、農業ノンフィクション『その農地、私が買います』『わたしの農継ぎ』（以上、ミシマ社）、詩画集『今夜 凶暴だから わたし』（ミシマ社）、絵本『あしたがきらいなうさぎ』（マイクロマガジン社）等がある。翻訳を担当した『おかあさんはね』（マイクロマガジン社）で第9回ようちえん絵本大賞を受賞。

いい音がする文章
——あなたの感性が爆発する書き方

2025年1月14日　第1刷発行
2025年8月1日　第6刷発行

著　者——高橋久美子
発行所——ダイヤモンド社
〒150-8409　東京都渋谷区神宮前6-12-17
https://www.diamond.co.jp/
電話／03·5778·7233（編集）　03·5778·7240（販売）

ブックデザイン——吉岡秀典（セプテンバーカウボーイ）
DTP————阪口雅巳（エヴリ・シンク）
校正————牟田都子
製作進行——ダイヤモンド・グラフィック社
印刷————勇進印刷
製本————ブックアート
編集担当——今野良介

ISBN 978-4-478-11762-0